トランプ大統領 VS 中国共産党

コロナばら撒き

米国乗っ取り大攻防戦

大好きな日本を守りたい

鳴霞の中国共産党動向分析 1

鳴霞
Mei Ka

ヒカルランド

今現在、中国共産党は、アメリカの国土、アメリカ人民全部を侵略しています。現在、アメリカにいる中国人移民は、中国共産党の幹部と共産党員がものすごく多いのです。私が言っているのは中国人民でなく、北京の指導者、習近平政府です。中国人民は同じ被害者です。中国は、アメリカ国民の安全に対して非常な脅威です。

中国共産党は、今のアメリカ人の政治家を、裏で全部買収しています。

アメリカ経済は、今ガタガタです。たくさんの技術が中国に盗まれました。

文化方面では、孔子学院とかスパイの侵入とか、至るところで中国からの侵略があります。

中国共産党は、アメリカの政治、経済、文化、全面的に侵略しています。今アメリカ人にも中国共産党の本質がはっきりわかりました。

中国は、アメリカの現在の国土をあちこち買いました。特に都市方面で侵略しました。また、アメリカ国内に軍事基地をつくるために、アメリカの牧場とか、山とか、たくさんの不動産を買いました。会社や学校も買いました。あとは、食品をつくる会社を丸ごと買いました。軍需産業も、医療産業も、とにかく至るところを中国共産党が買いました。これが国土侵略ということです。

中国がアメリカを侵略したんだということを、アメリカ国家が認識したという発表です。アメリカ国民は、今やっと中国共産党の恐ろしさがわかりました。本当にアメリカ人が危ないです。

これからアメリカ人は、中国共産党の侵略に反撃します。やり返さないとダメでしょう。本当の戦争と同じです。反撃しないと、アメリカは全部奪われてしまいます。アメリカが奪われたら、次は第三次世界大戦が始まります。

アメリカのリン・ウッド弁護士が、2020年12月21日の晩にツイッターで一つの報告書を発表しました。報告書のタイトルは、「中国共産党の全世界を支配する計画」。中国はどの国も支配したいですが、世界で一番支配したい国はもちろんアメリカです。特に中国共産党はアメリカを支配するという目標があります。

まずは2005年の江沢民時代、中央軍事委員会副主席遅浩田《ちこうでん》が行った、中国人民解放軍の内部講演会の報告書も発表しました。目標は、アメリカを支配することと、日本人は地球上で全滅させる。あとは日本の領土を取ることができる。そのような内部の話の報告書の英語版を、そのままリン・ウッドさんがツイッターで発表しました。

中国政府は白人向けの生物兵器を研究しています。今回の武漢肺炎のウイルスは、白人の死者が多いです。それがわかったアメリカは、反撃しようと中国と戦います。

郭文貴《かくぶんき》さんの話では、生物兵器の情報も、大分前からアメリカに入っていました。トランプ大統領も就任してからそれを知りました。アメリカは４年前から中国と戦う準備をしていて、軍事会社は24時間態勢で懸命に武器をつくっていたそうです。

中国共産党を潰さないと、世界の将来は大変なことになります。それで、海外にいる我々のような中国人学者や民主活動家は、真実の情報を国内にたくさん紹介しているのです。

実は中国のハッカー組織は、ことしの3月から、アメリカ政府の機構とか、商業の機構とか、農業の機構とか、大事なところのシステム全部を攻撃しました。その中で一番ひどいところは、核兵器システムへの攻撃でした。システムの至るところ、ほぼ全部攻撃されました。被害はものすごく大きいです。

やっとこのことを報道しました。報道したのはアメリカ国土安全保障省のネットです。

アメリカの核兵器のシステムはとてもひどく攻撃されて、専門家たちの話では、このハッカー集団の技術はとてもすぐれていて、攻撃されたところを検査するのはなかなか難しくて、取り除くのも難しいとのことです。

もし今、中国がアメリカに核兵器を使ったら、アメリカは本当にお手上げです。大変です。とてもひどく攻撃されるでしょう。

中国のハッカー組織名は、APTです。その組織は2カ月ぐらい前に、日本の重要なところ、多分自衛隊とか、日本政府とか、国会議員とかを攻撃しました。以前は、日本の靖国神社に対して、毎年攻撃しました。最近は政府の組織に対して攻撃することが多いのです。広い範囲で攻撃します。本当に危ないです。

カバーデザイン　重原隆
校正　トップキャット
本文仮名書体　文麗仮名（キャップス）

目次

米国発信情報　ビンラディン殺害はオバマ政権の嘘
バイデンも関与　真実なら大統領選に重大影響　37

殺害されたビンラディンは実はニセモノだった　37
台湾のアメリカからの大量武器購入に中国が怒る　38
中国のワクチンはとても怖いのに、賠償も何もしてくれない　39
武漢肺炎は習近平がつくった　41

オバマ・バイデンの中国癒着スキャンダル
ジュリアーニ元NY市長がついに全米に告発
武漢肺炎製造指示した首謀者3人の実名　42

オバマ・バイデンと中国との関係が明らかになる　42
武漢肺炎製造の首謀者3人　44

薄熙来の愛人の娘と習近平の戦い
大統領選を揺るがすバイデンスキャンダル
清華大学が〝習近平大学〟に／中国の新米にプラスチック米　45

薄熙来の愛人の娘と習近平　45
清華大学が〝習近平大学〟になる？　47
中国のコメにプラスチック米が入っている　48
中国はワイロにまみれている　49

バイデンファミリー、中国との秘密知る証人がFBIに証拠を提出
台湾国民80％〝中国侵略ならば戦う〟
ウイグル自治区ウルムチ空港が封鎖　50

バイデンファミリーの不正の証拠が提出される　50

ニューヨーク・タイムズがトランプ大統領を攻撃するのはおかしい　51
ウイグル自治区のウルムチ空港が突然閉鎖された　52
中国が攻撃してきたら、台湾の約80％の人は戦う　52
グーグルには中国共産党のスパイがたくさん入っている　53

仰天スクープ！／オバマが南シナ海を中国に売った
江沢民派が大統領選を舞台に暴露
バイデンスキャンダルで〝トランプ勝利〟と中国　54

バイデンスキャンダルでトランプ大統領の人気が上昇している　54
習近平の野心・一帯一路　56
在中国のアメリカのマスコミは財産を公表せよ　57
台湾に中国の大型砂採取船が押し寄せる　58
フィリピンにいる400万人以上の中国人不法滞在者を強制退去させる　58

遂行寸前!!　中国・驚愕のアメリカ転覆計画
オバマは台湾も、中国に売却予定だった!!　59

中国から台湾のパイロット100人以上が帰国　64
ベトナム警察、国境線で中国人密入国者を100人以上逮捕　65

内モンゴルで逮捕者すでに1万人　収容所で政治教育
バイデンの息子の合弁会社、中国軍事取引で年間4兆円
台湾軍の戦闘機・訓練中に墜落、パイロット死亡　66

バイデンの息子の合弁会社、中国軍事取引で年間4兆円　66
台湾軍の戦闘機、訓練中に墜落、パイロット死亡　68
内モンゴルで逮捕者すでに1万人！　69

江沢民派がアメリカ司法省等に提供したバイデンファミリーとオバマスキャンダルの写真　71
江沢民派がアメリカ司法省等にスキャンダル写真を提供　71
写真の紹介と説明　73
習近平・愛人との間に息子が3人バイデン工作を担当
バイデン一家・中国から300億円スイスの口座に入金
バイデンの息子・麻薬で歯なしに　77
習近平と愛人の間に生まれた息子たち　77
ニュージーランド　国土の危険　79
マスコミの犯罪　80
ミネソタ州で民主党左派の暴動計画が発覚　81
人民解放軍の変化　82

トランプ当選で中共&民主党派暴動の可能性も
FBI長官も買収 83

トランプ当選で暴発する「赤い民主党」 83
トランプ当選後の有事を見据える中国、台湾 85
大統領選挙後に始まる中国人脈への制裁 87
武漢肺炎ウイルスは外国由来と主張したい中国 88

アメリカ大統領選・速報 ペンシルベニア州で30万票が紛失
郵便投票で大規模不正が発覚 89

ペンシルベニア州で30万票が紛失 89
反トランプのマグマ 91
スパイ同然の中国の留学生 92
カナダで暗躍する中国人の麻薬商人 94

不正だらけの米大統領選挙　有権者100%がバイデンに投票⁉
水増し・捏造・すり替え、証拠が続々と明らかに
静観する中国・ロシア
95

不正だらけの米大統領選挙　95
中国、ロシアの反応　97

中共が盗んだ米大統領選
米司法長官が不正選挙の調査を指示
99

中共が盗んだ米大統領選挙　99
中国上海の武漢肺炎について　100
香港の三大テレビ局が中国共産党の国歌を放送　103

中共が盗んだ米大統領選　トランプ陣営逆転へ
激戦区で数十万票無効　バイデンの獲得選挙人270人割れ
中国の経済回復は嘘　104

ミシガン州とペンシルベニア州で、大量の無効票が見つかった　104
中国政府は、エスパー国防長官解任をすぐに発表した　105
ポンペオ国務長官の発表　107
アメリカの新型コロナウイルス感染者の現状と見通し　107
中国の労働問題　108

米中戦争・重大局面　米・緊急事態宣言
トランプ大統領、中国企業への投資合弁禁止
進出企業に撤退命令　110

アメリカの企業は1年以内に中国から撤退せよ　110
たくさんの州が法律違反をしている　112

中国共産党の3つの犯罪 113

中国・全ての国境を封鎖　台湾は中国の一部ではない
米国務長官が明言　中国猛反発 115

台湾は今まで中国の領土だったことはない 115
中国からの資金が間接的にバイデン陣営に入っている 118
新型コロナ感染者の増加で、国境が封鎖された 119

米軍がドイツにあった選挙サーバーを押収
トランプ陣営、米大統領不正選挙の決定的な証拠を入手
中国がインド軍にマイクロ波兵器を使用 121

アメリカ軍がドイツで不正選挙の決定的な証拠をつかんだ 121
中国は昔からマイクロ波兵器を使っていた 124
中国の商船がギニア湾で海賊に襲われた 125

ポンペオ国務長官欧州に対中大団結を呼びかけ 126
台湾の親中テレビ局を閉鎖 126
金正恩がバイデンを痛烈批判〝痴呆末期の犬〟
金正恩のバイデン批判 128
ポンペオ国務長官、ヨーロッパに中国への対抗を呼びかける 130
国民部隊はトランプを支持している 130
中国で再び武漢肺炎が拡大 131
アメリカ国防省がインド・南シナ海に新艦隊創設計画 133
米国海軍、第一艦隊をインド・西太平洋に創設計画 133
蔡英文総統・正式に訪米へ
台湾・蔡英文総統の正式訪米決定 134
奴隷化進むチベット
パウエル弁護士、トランプ大統領の当選間違いなしと発言 135

米国民のアンケート結果、60％が中国共産党は敵と答える　136
中国政府、チベット人に軍事訓練、強制労働させる　136

米大統領選不正・新事実
ドミニオン製機械　投開票データを独とスペインに送信
北京で住民と警察が対峙　138

大統領選挙で、ドミニオン社は28州の投票データをドイツとスペインに送った　138
ペンシルベニア州の裁判所で、2349枚の投票が無効になる　140
ニューヨークの中国人留学生、自宅に33丁の銃と弾薬を所持　140
北京で住民と警察が対峙　142

米民主活動家が発信
バイデン〝私は負ける〟上院に恩赦を求める
スマホで窮地のファーウェイが自動車産業に進出　144

ファーウェイ、自動車産業に進出　144

中国・天津で武漢肺炎感染、輸入豚足から？　146
バイデン、「私は選挙に負ける。恩赦して」と上院議員に求める　147
北朝鮮の体操選手、国境を飛び越えて亡命　149

トランプ大統領がキッシンジャーら〝親中〟国防省顧問11人を罷免！ビビった中国共産党、アメリカに〝謝罪〟　150

トランプ大統領、親中派の国防省顧問11人をクビ　150
習近平政府、トランプ大統領に謝罪　151
インド・パキスタンの国境線の戦争　153
中国山西省の高速道路で約40台の衝突事故、炎上　154

パウエル弁護士がドミニオン集計機の実証動画を公開！　154

ドミニオン社投票集計機の改ざん実験　154
フィリピンのスービック基地、米国第一艦隊の母港になるか　156

イランの核兵器開発者、暗殺される　158

米大統領選はクーデター
米軍特殊部隊とCIAが銃撃戦　兵士5人が死亡　159

米軍特殊部隊とCIAがドイツで銃撃戦　159
バイデン氏のSPチーム、突然縮小　162

米大統領選挙・中国に投票用紙を大量発注　内部録音が流出
国内45大学が人民解放軍管轄大学と提携　163

米大統領選挙の投票用紙を中国に大量発注　163
日本の45の大学が、中国人民解放軍管轄の大学と提携　166
自衛隊、海上保安庁は、来年から中国製無人機の使用を中止　168
トランプ大統領、中国の大企業を制裁対象に　168

民主党幹部とCNN司会者が中国詣で
「チベットは中国が侵略した地域」米国務省が報告書を作成 169
民主党と中国の深い関係 169
チベットを独立国としたアメリカ国務省の報告書 172
中国・米不足でインドから10万トン購入
食料問題本格化 174
中国が狙う日本のコメ 174
アメリカが中国共産党員のビザを制限 177
民主党とFBIが大規模詐欺選挙を実行
死者や不在者まで投票
中国・海警法改正で尖閣諸島の日本漁民に発砲も 178

詐欺選挙の惨状　178
中国海警法と尖閣諸島　180
台湾海峡の中間線を無視する中国　181
厚顔無恥な中国政府　182

アメリカ・対中開戦決意
来年2月以降に電撃戦　同盟諸国も参戦　生物兵器攻撃を認定
日本人は至急帰国を　ジュリアーニ弁護士感染
183

各国で進む亡命中国人の受け入れ準備　183
中国脱出の最終警告　185
トランプ再選を阻んだ武漢肺炎　186
アメリカの対中国戦の本気度は高い　187
中国人の海外亡命　188
急を要する日本人の帰国　189
対中電撃戦はアメリカの同盟国も協力　191

驚愕！　中国軍が遺伝子操作のスーパー人間部隊を創設準備
共産党幹部の外国資産を凍結　193

超級改造人間による超級軍隊の脅威　193
中国共産党の底知れぬ恐ろしさ　195
アメリカのハイテク有名企業の売国　197
全人代常務委員会の副委員長14人に対するアメリカの制裁　198

重要情報　中国国家安全委員会
トランプ大統領とリン・ウッド弁護士らの暗殺を指令　200

中国共産党、トランプ大統領、リン・ウッド弁護士らに暗殺指令　200
武漢肺炎は白人を狙った生物兵器　204
中国では、身分証明書を見せないと包丁も新幹線の切符も買えない　205

ジュリアーニ弁護士が回復！　退院へ
米国家情報長官がバイデン当選を否定　206

ジュリアーニ弁護士がコロナから回復して退院　206
バイデンさんはまだアメリカ大統領ではない　208
習近平の腹心で経済顧問の鄭永年教授のセクハラ疑惑　208

米司法省バイデンの息子の捜査を本格的に開始
習近平大慌てで戦争と避難準備　210

米司法省と歳入庁がバイデン息子の捜査を本格的に開始　211
習近平大慌てで戦争と避難準備　212
フリン元大統領補佐官がツイッターで戒厳令発動をトランプ大統領に呼びかけ　214
パキスタン女性が中国人男性のお嫁さんとして売られている　214

習近平・核戦争を準備
米・中国共産党を〝国際犯罪組織〟認定へ　216

米政府、中国共産党を国際犯罪組織と認定へ　216
ポンペオ国務長官、NATOとアメリカは一緒に中国と戦うと発言　217
中国も核兵器で徹底抗戦するだろう　218
バイデンさんの弟のフランシスさんをFBIが捜査中　219

カナダが秘密裏に人民解放軍を国内で軍事訓練
中国・200万人のDNA改造人間部隊を建設中　220

カナダで秘密裏に6万人以上の人民解放軍が軍事訓練　220
遺伝子改造した200万人の人民解放軍は世界最強の軍隊　222
ベネズエラのマドゥロ大統領を米特殊部隊が拘束　224

NATOが中国を警戒　米と共同で中国包囲網を構築中
英空母は日本に駐留　仏空母がグアムに　226

台湾の東森新聞の YouTube の報道　226
トランプ大統領の訴えを米最高裁は却下　228

トランプ大統領暗殺未遂
プーチン豹変⁉　中国と連携か　千島列島に地対空ミサイル
カナダ・トルドー首相はカストロの息子⁉　230

トランプ大統領、2度の暗殺未遂　230
南京大虐殺記念大会にロシア大使が出席　231
ロシア、千島列島に地対空ミサイルを配備　233
カナダ・トルドー首相と習近平の密約　236
カナダ・トルドー首相はカストロの息子　239
メキシコ国境にも中国人民解放軍の基地　240

トランプ大統領が中国の脅威への〝国家緊急事態宣言〟を延長
共和党ドン・裏切りの裏に中国の影
マクロン仏大統領が感染　ポンペオ国務長官も隔離　242
中国の脅威への国家緊急事態宣言の延長　242
ポンペオ国務長官、武漢肺炎陰性に関する中国報道　243
仏マクロン大統領、武漢肺炎に感染　244
マコーネル、トランプ大統領を裏切る　245
トランプ大統領〝戒厳令〟発布か？
国防省がバイデンへの政権移行プロセスを拒否　247
米国防総省、バイデンさんへの権力移行プロセスを中断　247
リン・ウッド弁護士、食料や水の備蓄を呼びかける　248
中国、南沙諸島に新型医療船を配備　249
中国のオーストラリアに対する制裁　250

米核兵器システムに中国軍ハッカー部隊が大規模攻撃
中国・寒波の中の電力不足　ロシアからの電力輸入がストップ　251
中国のハッカー部隊がアメリカの核兵器システムなどを攻撃　251
国防総省は、バイデンさんに権力を渡さない　253
習近平、4人の将軍を昇進させる　254
中国の電気使用量の半分を占めるロシアからの輸入が止まった　255
中国で武漢肺炎患者がふえている　257

トランプ大統領、勝利宣言は1月6日？
北京大使館が中国に最後の警告
アメリカの第一の攻撃目標は南シナ海、海南島、福建省、青島、大連　259
大統領選挙不正に関するピーター・ナバロの報告書　259
北京の米国大使館の警告と中国の発表　260
アメリカが中国の軍事基地を攻撃したら　262

習近平〝1月6日までにトランプを暗殺しろ〟
極秘命令の録音データがトランプ大統領のもとに
中国人民解放軍・アメリカ軍司令官とのネット会議をすっぽかす　264
トランプ大統領暗殺命令　264
中国人民解放軍トップ、米国インド太平洋軍司令官との会議をすっぽかす　267
イギリスで、新型コロナウイルスの変異株出現　269
開戦前夜！〝中国がアメリカを侵略した！〟
国土安全保障省長官、有事に備え非常食料等の準備を　270
チャド・ウルフ国土安全保障省長官代行の講演　270
リン・ウッド弁護士のツイッター　272
食料と水、緊急物資の備蓄を　276

ドミニオン投票機が"Made in China"の動かぬ証拠を発見
武漢肺炎はＰ４実験室で製造　大統領補佐官が発表
気をつけてください　中国製ワクチンは危険です　279

ドミニオン投票機が中国製の動かぬ証拠を発見　279
武漢肺炎ウイルスは、武漢市のＰ４実験室でつくられた生物兵器　280
中国製ワクチンは危険、共産党幹部たちはアメリカ製ワクチンを接種　281

ペンス裏切り　背後に中共の影
議事堂乱入者の中に中国人！　286

ペンス裏切り　背後に中共の影　286

議事堂乱入暴徒は中国支援のアンティファ
警察官が内部に誘導！　289

議事堂乱入暴徒は中国支援のアンティファ 289

トランプ大統領・現在はテキサス州の国家軍事センター
内乱罪、国家反逆罪で犯罪者一掃へ！
習近平・経済制裁解除でハリスの招聘準備 292

トランプ大統領、内乱罪と国家反逆罪で犯罪者一掃へ 292
習近平、ハリス副大統領招聘を準備中の同時期に米国連大使が台湾訪問 294

ナンシー・ペロシ民主党下院議長のパソコンを
〝米軍が押収〟の情報　北京に上海から江沢民派の解放軍が潜入 295

ペロシ下院議長のパソコンを特殊部隊が押収 295
江沢民派が秘密裏に北京に潜入　習近平は行方不明 296

※本書でいう「武漢肺炎」は、新型コロナ（COVID19）、中国語の「武漢新型冠状肺炎」を指します。
このウイルスは、閻麗夢博士が警告しているようにCCP（中共）が、世界を統治する生物兵器として造ったものです。（鳴霞）

米国発信情報　ビンラディン殺害はオバマ政権の嘘 バイデンも関与　真実なら大統領選に重大影響

2020年10月14日

殺害されたビンラディンは実はニセモノだった

きょうは、イランのことと中国のこと、アメリカのことを皆さんに紹介します。

まず、イランのことです。

きょうの朝、阿波羅ネットの報道で、アメリカのマスコミ、ソーシャルメディアが、ホンモノのビンラディンは生きていて、死んだのはニセモノのビンラディンだと発表しました。私はそのニュースを見て、びっくりしました。ホンモノのビンラディンはイランに移送され、オバマ大統領はイランに口止め料として1520億アメリカドルを送りました。そして、ニセのビンラディンを銃殺し、「ビンラディンが死んだ」と、アメリカのマスコミが世界中に報道しました。

実は、ホンモノのビンラディンがイランからパキスタンに移送されたとき、アメリカの特殊部隊（シールズ）の約20名が、タリバンからのロケット砲で死にました。その事実をオバマ政権は隠しましたが、亡くなった特殊部隊の家族が真相を求めて調査している。オバマ政権のときに何らかの裏取引があって、嘘の殺害の報道をしたんだということを今、突き止めようとしているわけです。真相は、トランプ大統領が全世界に向かって発表すると思います。

そういう情報が含まれていた可能性があるヒラリーの私用メールが３４００ぐらいあって、それを次から次へと発表すると思います。この大事件を、郭文貴を応援する学者やオーストラリアの女性がYouTubeで流しました。

バイデンさんは、そのときはアメリカの副大統領でした。オバマ大統領と当時のヒラリー国務長官とバイデンさんがかかわっているというのは、民主党がアメリカを裏切ったということです。

ビンラディンが殺されたと言われている２０１２年のそのとき、私はアメリカの友人で、中国の歴史専門家の家に泊まっていました。翌朝、友人が「ビンラディンが逮捕された」と言うので、急いでテレビを見たら、ビンラディンの写真が出ていた。ビンラディンが死んだと思ったんですが、それはニセモノでした。ホンモノのビンラディンはイランに移送されていたのです。

台湾のアメリカからの大量武器購入に中国が怒る

次は、ロイター通信の10月12日の報道で、ホワイトハウスが台湾への武器売却を早めたという発表がありました。その中で一番有名なロケット攻撃システムはボーイング製ＡＧＭ－84（空対艦ミサイル）で、これは長距離ミサイルです。あと、Ｆ16の地上分析レーダーシステムや、いろいろな武器を搭載できる最新の戦闘機を台湾に販売します。

これらは中国全土を攻撃できる武器だから、中国共産党外交部の趙立堅がメチャクチャ怒りました。１９７９年の米中国交正常化で、台湾に対する武器販売禁止を決めたのに、アメリカが違反したからです。13日までに10回、中国の戦闘機が台湾の領空内に入りました。13日から17日まで、台湾の金門島近くで、中国の実弾軍事演習が始まりました。

台湾は、２０２６年までにＦ16戦闘機90機を含む新しい武器を買う約束をし、それをアメリカ国防総省も発表しました。中国はこれからもメチャクチャ怒ります。

中国のワクチンはとても怖いのに、賠償も何もしてくれない

次は、中国国内の河南省のことです。

河南省では、1歳か2歳ごろに予防注射をします。中国のワクチンにはニセモノが多いので、予防注射をしたある女性の子どもは、手も足もフニャフニャして動かなくなり、障害者になりました。映像を見て、びっくりしました。靴下を脱ぐ力がないので、座って靴下を口に挟んで脱ぎます。本当にかわいそうです。

そのお母さんは、政府に何度も賠償を求めましたが、逮捕され、拘留されました。解放されてか

らも、警察がずっとこの人の家を監視しています。北京に連れていって治療することもできません。

今は2番目の子を妊娠中です。10月2日ごろ、ベビーカーに子どもを乗せて河南省の市政府へ行き、人民政府の看板に赤いペンキをかけました。近くにいた警察官がこの女性をすぐに取り押さえ、警察署に連れていきました。詳しく調べられましたが、おなかも大きいし、小さい子もいるので、今回は刑務所に入れられずに済みました。

子どもは間もなく4歳になりますが、政府から謝罪もなく、1円の賠償もありません。中国のワクチンはメチャクチャ怖いです。今、武漢肺炎のワクチンができ上がりましたが、障害者になりますよ。ほんとに怖いです。

もう一人は80歳ぐらいのおばあさんです。何が原因か、はっきりわかりませんが、杖をついて、ゆっくりと同じ市政府の看板のそばに来ました。そのおばあさんは看板の市政府のマークを手で外そうとしたのですが、なかなか外れない。そのおばあさんは腹を立て、杖で看板を叩いた。その映像がYouTubeで流れました。

中国の女性は勇気がありますね。そのおばあさんが看板を叩く瞬間は、周りに警察官はいません。役人もいません。多分、そのときはまだ役所の人は気づいていないと思います。中国には不満を持っている人がいっぱいいいます。

武漢肺炎は習近平がつくった

次は、スウェーデンのことです。

10月10日に、中国人と現地の人と思われる4人の人たちがスウェーデンのレストランで食事をしました。壁には、バットマンのような大きな耳が描いてある習近平の絵が2カ月前からかけられています。武漢肺炎ウイルスの被害者は全世界で、これは習近平の犯罪だという意味です。

中国人は、このコロナウイルスはアメリカがつくったもので、中国人がつくったものではないと、共産党に教育されています。これは中国人民解放軍がつくったものだと、知識のある人たちはわかるけど、普通の国民は何にも知らないので、結構びっくりします。

黄色い顔とコウモリの耳を見れば、習近平だとすぐわかる。まだ今も店に飾ってあります。

ヨーロッパの国では、習近平政府が武漢肺炎をつくったことはよく知られています。外国ではみんな知っています。

オバマ・バイデンの中国癒着スキャンダル
ジュリアーニ元NY市長がついに全米に告発
武漢肺炎製造指示した首謀者3人の実名

2020年10月16日

オバマ・バイデンと中国との関係が明らかになる

きょうは、アメリカのことと中国国内のことを皆さんに紹介します。

2〜3日前にトランプ大統領が、バイデンさん、ヒラリーさん、オバマさんのことをツイッターで書きましたが、しばらくして消されました。アメリカには、あちこちに中国のスパイがいます。

15〜16年前のことですが、ビンラディンをイランに移送するときに、CIAの職員3人がかかわり、オバマは口止め料1520億アメリカドルをイランの偉い人に渡しました。その事実は、これからアメリカからどんどん報道されると思います。その後、ビンラディンはイランからパキスタンに移送され、現在はパキスタンにいます。

バイデンさんの息子が中国に会社をつくったときに、中国からおカネをもらいました。また、ウクライナの石油関係の会社からもおカネをもらいました。トランプ大統領の弁護士で、元ニューヨーク市長のジュリアーニさんは、証拠の録音とか資料をたくさん持っていて、命をかけて事実を公表する覚悟です。

実は、このようなバイデンさん家族のスキャンダルを、ニューヨークにある検察庁は調査しないでそのままにしたんですが、先月、急にニューヨークの警察署が、トランプ大統領の元上級顧問のバノンさんを逮捕しました。この警察署は民主党の影響下にあるのです。だから、たくさんの中国専門家、特に生物化学兵器の専門家は、ヨーロッパに逃げました。CIA内部にも中国共産党のスパイが入っています。

13日のアメリカの路徳社の報道では、習近平が2012年ごろにアメリカを訪問した際、中国共産党の薄熙来、周永康、徐才厚国家中央軍事委員会副主席らには、政治クーデターの計画がありました。このクーデター計画の情報を、オバマ大統領が習近平に渡しました。オバマ大統領はものすごく悪いですよ。

そのとき、薄熙来の部下の王立軍が中国・成都市にあるアメリカ領事館に逃げ、多くの情報をアメリカに提供しましたが、王立軍の亡命は未遂に終わりました。その後、王立軍は逮捕され、もう殺されたと思います。

CIAの協力者は中国のあちこちにいます。大学教授とか、学者とか、記者とか、同じ共産党の偉い人とか、中国国内の共産党の情報提供者は36名います。彼らは皆、アメリカ国籍で、性別、年齢、住所などの詳しい情報を、オバマが習近平に渡したのです。そして、この36名の情報員たちは一網打尽にされ、全員殺されました。毛沢東と同じで、習近平はものすごく残忍ですよ。メチャクチャですよ。

習近平は、この8年間で、江沢民派とか、薄熙来とか、周永康とか、徐才厚とかを逮捕して、1万5000人以上殺しました。そして独裁体制を固めていきました。

江沢民と曽慶紅らは、自分の財産を守るために、ヒラリーとかオバマとかバイデンと戦うために、3枚のDVDをアメリカに送り、それがトランプ大統領の手に渡りました。その3枚のDVDには、王立軍が持ってきた情報と、バイデンさんの息子が中国の会社やウクライナの石油関係の会社から約15億ドルのおカネをもらった事実が記録されています。バイデンさんのスキャンダルがやっと報道され始めましたね。中国の習近平時代も終わりますよ。長くはないです。

武漢肺炎製造の首謀者3人

最後の報告は、アメリカの路徳社が、武漢肺炎製造の首謀者3人を発表したことです。

1番目は習近平、2番目は習近平の腹心で中国人民解放軍の許其亮、3番目は王岐山です。この3人が、世界中に広がっている武漢肺炎をつくると決めたのです。上海医学研究所は、すごい咳をしている武漢市内の男性をP3実験室に送りましたが、この研究所は封鎖され、今もまだ封鎖中です。武漢肺炎は生物兵器で、第3次世界大戦になります。

習近平も、裏切り者のオバマとヒラリーとバイデンと同じように、国際裁判をしないとダメですよ。このことは、路徳社とか、オーストラリアとか、あちこちで発表されました。

薄熙来の愛人の娘と習近平の戦い 大統領選を揺るがすバイデンスキャンダル 清華大学が〝習近平大学〟に／中国の新米にプラスチック米

2020年10月22日

薄熙来の愛人の娘と習近平

きょうは、今の習近平政権のこと、アメリカの民主党バイデンのこと、中国のことを皆さんに紹介します。

2012年ごろ、中国の重慶市共産党委員会書記の薄熙来が逮捕されました。薄熙来は江沢民派で、そのときの習近平も同じ江沢民派です。二人はとても仲がよく、習近平より4歳上の薄熙来は、小さいころから習近平を弟のようにかわいがっていました。

中国の偉い人には必ず愛人がいます。習近平の愛人には男の子が生まれ、アメリカにいます。薄熙来と女優さんとの間に生まれた女の子は、アメリカの大学を卒業し、現在はアメリカにいます。習近平が国家主席になると、薄熙来は習近平の政敵になりました。2012年ごろから、習近平の政敵は次から次へと刑務所に入れられました。薄熙来も刑務所に入れられ、習近平をメチャクチャ恨んでいますが、アメリカ路徳社の報道では、恐らく現在は生きていないだろうということです。

同時代に葉剣英がいます。葉剣英は、毛沢東時代の中国共産党中央軍事委員会副主席で、息子の葉簡明は、香港のエネルギー会社、華信能源の社長です。その会社に勤めていた女性が薄熙来の娘の薄甜甜で、英語が堪能なので渉外を担当していました。きれいな顔で、薄熙来とよく似ています。その会社で薄甜甜はバイデンさんと直接連絡をとり、毎年1000万ドル（約10億円）をバイデンさんに渡しました。

薄熙来の娘は今、アメリカにいます。最近、バイデンさんのスキャンダルが報道され、習近平からたくさんのスパイがアメリカに派遣されて、薄熙来の娘を暗殺する計画があるので、FBIが薄甜甜さんを保護しています。中国共産党は恐ろしいですよ。薄熙来の家族を全滅させます。薄熙来の息子は、以前はカナダの弁護士事務所で働いていましたが、今はアメリカにいて、FBIが守っています。

バイデン一家は不正なおカネをもらったり、バイデンの息子は未成年の女の子にいろいろ悪いことをしています。パソコンに何万枚もの写真があります。バイデンの息子はものすごく悪いですよ。バノンさんも、ニューヨーク・ポストも、アメリカの多くのマスコミも報道しています。

バイデンさんのスキャンダルが入った3枚のDVDがトランプ大統領の手元にあります。薄熙来の娘はそれを説明するために、証人として出てくると思います。朝5時半ごろの台湾のニュース、新聞、YouTubeで、このことを報道中ですし、これからまだたくさんの情報をアメリカから発信します。

習近平は、トランプ大統領に負けてほしいんです。でも、もしバイデンさんが当選したら、ほんとにアメリカが危ないでしょう。アメリカの大統領選挙は、習近平政府とつながりますね。この2つの国は今、大変ですよ。そのことはまだ続けて皆さんに報告します。

清華大学が〝習近平大学〟になる?

次に、中国の香港中文大学深圳分校の鄭永年教授は、自分の著書の中で、習近平が清華大学を「習近平大学」と名前を変えたらどうかという提案をしたと書いています。中国の有名な大学教授や学者たちからは、「習包子大学」(「包子(パオズ)」とは、習近平の大好きな肉まんのこと)に変えたらどうだろうかというコメントがある。それは、この大学に入ったら頭がパーになるという意味です。

これからアメリカと中国の関係はよくならない。習近平は、これから中国のドアを閉めて、アメリカを排除すると思います。清華大学はアメリカがつくった大学だから、「習近平大学」に変えて、アメリカと縁を切る。このことは、自由新報でもアメリカのネット上でも報道されました。

来年は中国共産党結成100年だから、いろいろ変化があります。特に、朝鮮戦争では中国人民解放軍にいっぱい死者が出たので、北京郊外に記念館をつくりました。2～3日前に、習近平は偉い人を7人連れて初めて抗米記念館に入り、アメリカは朝鮮人民を殺したとかなんとか話をしました。以前は抗日記念館で、南京大虐殺とか、日本がどれだけ悪いとか言っていたが、最近は、中国のテレビとか映画、本とか雑誌も、アメリカが悪いと、徹底的に教育します。反日教育が反米教育に変わっています。

中国のコメにプラスチック米が入っている

青島市の一人のお母さんが、スーパーで1袋5キロの黒龍江省産のおコメを買いました。黒龍江省のおコメはおいしいので有名です。昔、満州に日本人が来て教えたのが始まりです。普通、ごはんが炊き上がる前には、いい香りがしてきますが、それがない。食べてみると、昔の黒龍江省のおコメと違う。おかしい。電気釜が古いのか。何回炊いても変な味がする。

おコメをスーパーに持っていって調査すると、おコメそっくりのプラスチックのニセ米が入っていたのです。中国のおコメは高いから、青島でプラスチックのニセ米をつくって、おコメの中にまぜたのです。本当に恐ろしいですよ。中国の商売人はほんとに悪いです。

それからは、おコメを買うときは気をつけてくださいと呼びかけています。中国南部ではおコメがないから、海外か、黒龍江省とか吉林省とか遼寧省とか、中国のほかの省から持ってきますが、現在、黒龍江省産のおコメは停止されています。中国にはホンモノがない。そのことも報告しました。

中国はワイロにまみれている

中航工業第一飛行機設計所の所長が逮捕されました。少なくとも10年か20年は刑務所ですね。ワイロは、政府のほかの偉い人に比べたらまだ少ないほうですが、307万中国人民元（約5000万円）以上です。特に中国の大型飛行機とか、爆撃機とか給油機とかの戦時用飛行機は、水増ししたおカネで申し込みをする。例えば、ヘリコプターを1機買うのに2000万元かかるとすると、4000万元とか5000万元で申し込んで、差額は内部の偉い人がもらう。このチャンスをつかんで、国のおカネを自分のポケットに入れるのです。

中国はワイロの国ですよ。アメリカ大統領選挙でトランプさんと争っているバイデンさんも、ワイロですね。これは絶対に治らないです。

バイデンファミリー、中国との秘密知る証人がFBIに証拠を提出
台湾国民80％〝中国侵略ならば戦う〟
ウイグル自治区ウルムチ空港が封鎖

2020年10月25日

バイデンファミリーの不正の証拠が提出される

中国のエネルギー大手の華信能源の社長さんは葉剣英の息子の葉簡明で、その会社とバイデンさんの家族との合弁会社があります。この社長は現在、中国国内で行方不明になっており、亡くなっていると見られています。

バイデンさんの息子のハンター・バイデンのビジネスパートナーは、アメリカ海軍の退役軍人のボブリンスキーです。彼はバイデンさんの家族の事情をよく知っていて、手元にあるパソコン1台とスマホ3台の中に、eメールとか、やりとりした証拠が全部入っています。

ボブリンスキーの話では、2017年5月2日にバイデンさんと会い、バイデンさんの息子を紹介してもらって、中国で何の商売をするとか、バイデンさんの家族の歴史とか、いろいろな話を1時間ぐらいしました。彼は、バイデンファミリーが中国と合弁会社をつくったいきさつを全部知っ

ているので、FBIから証人として話をしてほしいと言われました。ボブリンスキーは、手元にある3台のスマホを証拠として提出し、事実を全部話すと約束しましたので、そろそろ証拠が全部出てくると思います。

この前の大統領選挙の討論会で、バイデンさんは、自分も息子も中国からおカネをもらっていないと言っていたけど、全部嘘ですよ。ボブリンスキーが証拠を出したら、バイデンさんはそれを言わなくなると思います。

ニューヨーク・タイムズがトランプ大統領を攻撃するのはおかしい

次もアメリカのことです。

10月21日に、親中派のアメリカの新聞、ニューヨーク・タイムズが、トランプ大統領が中国で商売をしており、中国に銀行口座があるとか、118万ドルの税金を払ったかどうかわからないと、トランプ大統領を攻撃する記事を発表しました。

海外の評論家の話では、中国の経済改革開放で、世界中の人たちが中国と商売を始めた。特にトランプ大統領は、2013年はまだ大統領ではありませんでしたし、銀行口座は誰でもつくれます。トランプ大統領は、今は中国との貿易はやっていません。だから、トランプ大統領を攻撃するのはおかしいですよ。調べても、ワイロも何もないですよ。

その間、ニューヨーク・ポストでは、バイデンさんの家族がウクライナで中国共産党と不正をしたことをなぜニューヨーク・タイムズは報道しないのかとか、反発がいっぱいありました。アメリカの主要な新聞は親中派が多いので、バイデンさんの家族のことはほとんど報道しない。ニューヨーク・タイムズが中国を応援するのはおかしいですよ。アメリカもおかしい。みんな中国からおカネをもらっているんじゃないでしょうか。事実を報道しない。フェイクニュースですね。このことは、海外のたくさんのマスコミが怒りました。

ウイグル自治区のウルムチ空港が突然閉鎖された

次に、10月24日の阿波羅ネットの報道では、中国・新疆ウイグル自治区のウルムチ空港は、きのうの午後の国際便と国内便の発着も、車もバスも止められました。

空港が封鎖された理由は、武漢肺炎の感染者が出たからです。お医者さんがお客さん一人一人の熱をはかったり、空港の周りの警察官が「皆さん、マスクをして注意してください」と言うだけで、感染者がいるのかいないのか、いるなら何人いるのか、詳しいことは全然報道されません。

中国が攻撃してきたら、台湾の約80％の人は戦う

これは25日朝の報道です。台湾国際戦略協会が24日（土）に発表した、「もし中国人民解放軍が台湾を攻撃したら、あなたは台湾を守りますか」というアンケート調査で、77・6％の台湾人が「台湾のために人民解放軍と戦う」と答えました。杖をついて歩くような老人でさえ、命をかけて中国と戦うと言う。

以前、中国は、もし台湾が独立するならば、中国はすぐ台湾を攻撃すると言っていました。もし独立すれば、中国は絶対に許しません。台湾の人たちは自分の国を守る決心があります。台湾の人たちに中国が好きな人は少ないです。また、「中国と台湾が交流することを支持しますか」という調査では、「支持する」人は58・6％で、半分ぐらいの人が支持しています。

とにかく中国が台湾に侵略すれば、台湾人たちは、ほぼ80％の人が反発します。これが前とだいぶ違いますね。

グーグルには中国共産党のスパイがたくさん入っている

最後は、バイデンさんのことです。

中国語のグーグルを見ると、バイデンさんが当選して、トランプ大統領は当選しないと出ています。グーグルの中には中国のスパイがいっぱいいますから、グーグルの文章翻訳は信用できないです。逆の情報を報道するなんて、おかしいですよ。トランプ大統領のことを探すと、急に消えるとか、最近、eメールの発信ができないことが多いです。今、グーグルは、たくさんの人が裁判中です。グーグルは共産党に押さえられ、正しい中国語の翻訳ができないから、グーグルで翻訳するときはほんとに気をつけないといけない。もし間違えて「バイデンさんが当選した」と発表したら、大変ですよ。グーグルはほんとに信用できないです。

仰天スクープ！／オバマが南シナ海を中国に売った 江沢民派が大統領選を舞台に暴露 バイデンスキャンダルで〝トランプ勝利〟と中国

2020年10月28日

バイデンスキャンダルでトランプ大統領の人気が上昇している

きょうは、アメリカの大統領選挙のこと、フィリピンのことと中国のことを皆さんに紹介します。

まず、アメリカ大統領トランプは、今、ものすごい人気です。環球時報の報道では、現在はトランプが勝つ確率が高くて、あと4年は大丈夫です。特に、バイデンさんのスキャンダルが出た後に、期日前投票をした人たちが、もう一回投票したいと言って、トランプを支持する人たちがふえました。

台湾の報道も同じです。東森新聞《とうしんしんぶん》とか、たくさんの台湾のYouTubeでも、その話が結構あります。アメリカに亡命した郭文貴さんから、バイデンさんの息子のスキャンダルの映像がたくさん出ました。郭文貴さんは、これらの映像を、江沢民の孫の江志成と、アメリカの中国企業の社長の呉征からもらいました。呉征はアメリカ国籍で、二重スパイです。奥さんは中国中央政府のアナウンサーです。東方集団のトップの張宏偉は、高級ナイトクラブでのハンター・バイデンと中国人女性の写真をアメリカに送りました。それはまだ氷山の一角で、これからまだたくさんの証拠が出ます。江沢民派と習近平派は、今から戦争が始まります。

現在アメリカにいる薄熙来の愛人の娘とハンター・バイデンとが直接やりとりした証拠は、アメリカに送った3枚のDVDの中にたくさんありますので、これから皆さんに報告します。

ハンター・バイデンには、中国の軍事委副主席の葉剣英の息子、葉簡明さんとの一緒の写真とか、共産党専用のナイトクラブでの未成年の中国女性とのスキャンダルがいっぱいあります。三十六計の美人計で、中国政府から専門教育を受けた女性を政府が紹介しました。この映像を見て、変態のハンターさんを早く逮捕しないとダメだとか、アメリカで多くの抗議がありました。

オバマの娘とハンターさんが一緒の写真もあるし、民主党の女性の息子も巻き込みました。ほんとにメチャクチャですよ。すぐに消されるから、YouTubeに写真を出すことはできないので、ニコニコ動画で見てください。ほんとにメチャクチャですよ。2万枚以上の写真がアメリカに流れました。

中国政府の戦略は、アメリカをやっつけるために、まずバイデンさんの家族から始めたのです。2016年ごろ、オバマ大統領がオーケーを出したので、中国政府は南シナ海に人民解放軍の軍事基地をつくりました。中国政府からもらった10億アメリカドルのうち1億弱をオバマがもらい、あとはバイデンさんと息子のハンターで分けました。

これは売国ですよ。なぜオバマとバイデンさん2人で公海を売るのですか。メチャクチャですよ。中国政府は強いから、フィリピンの反発もベトナムの反発もムダですね。売国をトランプ大統領は許しません。

トランプ大統領が中国で銀行口座をつくったとか、ロシア疑惑とか、いろいろ噂があるけど、実は何にもないですよ。みんな民主党の犯罪ですね。

習近平の野心・一帯一路

次は、習近平政府の計画（一帯一路）についてです。

習近平はものすごく野心があります。生物兵器である新型武漢肺炎で世界の国を全滅させて、中国が各国の資源を取る計画です。江沢民の孫がアメリカに持っていった3枚のＤＶＤのうちの1枚に、そのことが詳しく書いてあります。アメリカの郭文貴さんがきのういっぱい報道したので、現在は各国のネット上にもあります。

中国スパイの被害が一番大きいのはアメリカです。次がカナダ、イギリス、オーストラリア、ニュージーランドで、政治家とか、商売人とか、国防とか、至るところに中国のスパイが入っています。ほんとに危ないですよ。

在中国のアメリカのマスコミは財産を公表せよ

次は、中国外交部の発表で、在中国のアメリカのマスコミを制裁するとのことです。中国人学者は、みんな中国からアメリカに戻ったほうがいいんじゃないかと言っています。まず1番目はABC、2番目はロサンゼルス・タイムズ、3番目はミネソタ・パブリックラジオ、4番目は出版社のナショナル・アースアフェア・ニューズウィーク、5番目はニューズウィーク、1週間以内に会社の財産を公表するようにとのことです。

中国共産党の偉い人は誰も財産を公表しないのに、なぜアメリカ人が財産を公表するのか。おかしいでしょう。それはマスコミにもコメントがいっぱいあります。きのうの発表ですから、あと1週間で財産を公表するかどうか。アメリカの国のことだから、中国共産党には一切関係ありませんね。このような無理な要求をするのはおかしいです。

台湾に中国の大型砂採取船が押し寄せる

次は、台湾のことです。

中国の大型砂採取船（約3000トン）100隻以上が台湾の馬祖列島を取り囲みました。私はきのう映像を見て、びっくりしました。

台湾の海上保安庁によると、台湾の船が入れない状態で、メチャクチャ砂を取るので、海の環境がものすごく悪くなりました。普通の漁船じゃない。民兵です。恐ろしいです。相手は砂を取っているだけだから、発砲もできない。

このようなやり方に、我々は太刀打ちできないですから、アメリカが早く法律をつくらないといけないと思いますね。

フィリピンにいる400万人以上の中国人不法滞在者を強制退去させる

最後の報道です。

今、フィリピン国内には中国人の不法滞在者が400万人以上います。10月の発表で、2736名のビザなし中国人を強制退去させます。ビザがある正しい入国者は15万人で、あとは全部、ワイロを使った密入国者ですよ。これから11月に入ると、税関が厳しくなり、中国人はフィリピンに入ることが難しくなります。

遂行寸前!! 中国・驚愕のアメリカ転覆計画 オバマは台湾も、中国に売却予定だった!!

2020年10月29日

きょうは皆さんに、中国からのベトナム入国のことと、アメリカにある中国のスパイ組織がどういうふうにアメリカを転覆させるか、詳しく報告します。

まずアメリカのことを皆さんに報告します。きょうの朝、ドイツの人の文章で詳しいことを読んで、本当にびっくりしました。習近平政府のアメリカ転覆計画についての発表です。アメリカのニューズウィークが、ドイツの結構有名な人たちと調査を行った。中国の新聞の分析と、アメリカ国内の各団体の調査を4カ月かけて行い、ニューズウィークにまとめを書いています。

アメリカ転覆計画のための、中国政府や中国共産党と関係のある在米の団体が現在、少なくとも600ぐらいあります。アメリカには中国人のスパイと中国共産党の専門家がいっぱいいます。中国政府統一戦線は毎年、アメリカにある６００の組織にアメリカドルで26億ドル（日本円だと２６００億円ぐらい）以上のおカネを出しています。この組織はスパイの組織です。恐ろしいです。それも国内で使うおカネはその中に入っていません。例えば、これらの６００の団体の中のアメリカの偉い人が中国旅行するときとか、中国駐在とか、飛行機の切符から、最後は女と遊ぶおカネまで、全部中国政府が出します。アメリカにある６００の団体の使うおカネが26億ドル以上あるという報道で、本当にびっくりしました。

これらの団体のことを皆さんに紹介します。

一番大きい団体は、83個ある中国人の同郷会です。例えば、北京出身の人は北京同郷会、上海出身の人は上海同郷会というように、アメリカに83個あります。日本にも中国人の同郷会はいっぱいあります。調べたら、日本も多分50個～80個ぐらい出てくると思います。私が10年前に調べたとき、日本にも同郷会はいっぱいありました。ただ私も、アメリカに83個あるというのは初めて聞きました。

これらの同郷会の会長とか副会長とか、中の偉い人は大体アメリカ人が入っています。例えば、創立2年とか3年とかのお祝い会をするとき、アメリカの現地政府の有名人、例えばその市の市長とか副市長とかを呼んで、一緒にお祝い会をします。この組織の中には現地のアメリカ人の偉い人がいます。83個の同郷会にあって、同郷会の中の偉い人は全部、中国大使館とか領事館と連絡します。全部つながります。

例えば、宴会するとき、会議するとき、会場を借りるとか、現地のホテルを借りる。来た人がアメリカ国内を移動するのは飛行機です。例えばニューヨークで会議を開くときは、1カ月前か2カ月前、アメリカ全国あちこちに住んでいる中国人と連絡して、ニューヨークで集まります。みんな会議をする前に現地に入ります。このような費用はみんな中国政府の統一戦線協会が出します。活動資金が全部共産党の統一戦線から出ているわけです。そのような同郷会が83個あります。

現在、全米に19の中国援助センターがあります。なぜ中国を援助するのか。最初だまされて、今もだまされている人がいっぱいいます。中国の貧乏なところ、例えばチベットとか新疆ウイグル族、中国の四川省にはご飯を食べられない子どもがいっぱいおりますので、そこを援助する組織もあります。中国を援助するセンターが合わせて19あります。これらの組織は、援助の名前でおカネを集めます。アメリカの政府も同じで、中国の貧乏な地方のチベット人とかウイグル族の人たちに援助するおカネは全部、この組織に出しました。その後、偉い人が自分のポケットに入れました。現地に援助するのはわずかです。

日本もそうです。中国留学生援助会とかに日本政府がおカネを出します。現地の政府の偉い人が、留学生にどのくらい援助するかわからないでしょう。中国政府はあまり発表しない。中国の貧乏なところ、四川省とかチベットを援助する組織が日本にもあります。日本政府がこれらの中国共産党の組織におカネを出して援助しても、本当にチベット人とかウイグル族のところにおカネが入っているかどうかわからない。たくさんのおカネが不明です。

このような組織が全米に19カ所あります。全部現地の中国大使館、領事館につながっているとニューズウィークが報道しました。

アメリカ全土に、現地のアメリカ人と商売する中国人の商会が32個あります。その組織は現地のアメリカ人の商売について、ライブの情報をすぐに中国大使館に連絡します。この会社は何をつくるとか、年間どのくらいの売り上げとか、詳しいことを全部共産党の駐在の大使館に連絡します。実は全部スパイの組織です。

13個の中国語の新聞、雑誌のマスコミがあります。最近厳しくなって、次から次に中国の外交機関に変わりました。前の新華社とか人民日報とか、今現在は新聞のマスコミではないです。外交機関に変わりました。

在米の中国人の専門家組織もあります。中国人の学者、大学教授の専門家組織が70個ぐらいあります。理科の大学教授とか、科学の大学教授とか、専門家の組織です。全部アメリカの大学とか、アメリカの人たちとつき合いがあります。

あとは38個の中国・台湾統一組織があります。中国が台湾を平和統一するための組織です。この組織の中にアメリカ人がいっぱい入りました。特にオバマ時代に、台湾を中国に売るという計画がありました。4年前、トランプ大統領が出てきたから計画は進まなかった。オバマ時代はものすごく危なかった。中国人のスパイで、共産党の組織です。

アメリカ中国友好組織が5個あります。その中に129の教育の組織があります。文化交流とか、歴史交流とか、音楽交流とか、全部文化教育系統です。アメリカの政治家を中国に連れて行って、中国を観光旅行したり、中国語を勉強するとか、孔子学院とか、そういう組織が129個あります。

本当にアメリカは危ないです。その組織は毎年、何回もアメリカにある中国大使館、領事館で文化交流の活動をします。あとは、中国国内の音楽担当をアメリカに呼んでくる。人民解放軍の音楽担当が日本にもよく来ましたね。日本も同じです。名前は文化交流だけども、裏でアメリカをひっくり返すための計画ですよ。アメリカの政治家を招待して、皆さん中国文化はいいな、すばらしいなと。

アメリカの政治家を中国に招待するのに、飛行機代、泊まるところ、全部無料です。喜んで中国に行きますよ。これがスパイの手段です。それで中国はアメリカ民主党をひっくり返した。民主党は中国の工作の一番の組織です。この集団は、普通の人には考えられないですよ。中国に行ったら、中国の偉い人に会って、食べて飲んで、女と遊ぶ。たくさんの民主党の政治家が中国のスパイです。今は、中国政府のおカネと女で、アメリカをひっくり返す前です。この集団は恐ろしいです。アメリカのニューズウィークがこのことを報道しました。

260個の中国留学生と学者の協会があります。日本もアメリカと同じです。たくさんの留学生たちが教授になって、アメリカの教授と交流して、アメリカのたくさんの専門技術が中国に盗まれました。

この間、日本の中国人大学教授が、車の技術をたくさん盗んだ。同じ組織が日本にも結構あります。ただ、数が日本よりアメリカのほうが多い。日本は少ないです。

この40年間で、各方面からの中国のスパイ活動で、アメリカ民主党は本当にダメになりました。中国共産党は、10年か20年でアメリカをひっくり返します。これが中国共産党の政策です。アメリカは民主主義の国だから、普通の人はこのようなやり方を知らない。知らないうちにだまされて、中国の味方になります。

特にたくさんの民主党の人たちがだまされました。そういう人たちが最近のスキャンダルのたくさんの映像でびっくりしました。「私はトランプに投票します」「投票はまだできますか」と、いっぱいの人たちの目が覚めた。中国共産党政府はどんなに恐ろしいか。みんなだまされました。

ニューズウィークに詳しい報道があります。ドイツの専門家も詳しいことを書いています。ドイツも同じです。きょうの朝、このことが報道されました。

中国から台湾のパイロット100人以上が帰国

今現在、武漢肺炎で観光旅行者はなかなかいません。中国国内の航空会社は、半分以上の飛行機が休んでいます。それで100名以上の台湾のパイロットが台湾に戻りました。今現在、仕事がないです。そのニュースがきょうの朝ありました。

なぜ100名以上のパイロットが中国にいたのか。90年代に、中国は海外の退職パイロットとか兵役終わりのパイロットをたくさん募集しました。おカネはいっぱい払う。例えば日本が30万円だとすると、中国は3倍以上おカネを出します。90万円出します。そのころから次から次に中国に入り、現在、100名以上の台湾のパイロットが中国国内で働いていました。武漢肺炎の影響で今はお客さんがいないから、彼らはしばらく仕事がないし、おカネもないから、台湾に戻りました。

台湾は一時期、パイロットが足りなかった。90年代ごろにみんな中国に行って、大変困りました。今現在、中国には飛行機に乗る人がいないので、台湾に戻りました。

ベトナム警察、国境線で中国人密入国者を100人以上逮捕

最後の話です。ベトナムと中国の国境線のベトナム警察に、きのうの発表で100人以上の中国の密入国者が捕まりました。彼らは、前は広東省の会社で働いていました。広東省には現在仕事がありません。ベトナムに行く外国人の会社は多いです。また、ベトナム国内に中国人の永住者も多いです。その永住者は、中華料理の店とか、スナックとか、会社をやっていて、中国人を使うと安いので、彼らを呼んでくる。きのうだけで100人ぐらいの中国人が捕まった。

前にも2回捕まっています。ことしだけで、これで3回目です。前は76名と、250名捕まった。みんな密入国です。これからもっと多くなります。中国国内にあった外国人の会社は、みんな移動しました。失業者が多いです。これらの失業者は仕事がないし、今ベトナムは仕事があります。

心配なのは、これから日本に来る確率が高いです。日本は対策をしないとダメです。これから中国人の密入国者がふえます。対策はありますか。準備しましたか。各外国政府は本当に気をつけないと、知らないうちに入りますよ。

この間、中国人とベトナム人が、イギリスで車から見つかったでしょう。イギリスはあのとき寒かった。全員が死にました。イギリスにまで密入国します。これから中国人の密入国者はものすごくふえます。国として早く対策、準備をしないとダメだと思います。

内モンゴルで逮捕者すでに1万人　収容所で政治教育
バイデンの息子の合弁会社、中国軍事取引で年間4兆円
台湾軍の戦闘機・訓練中に墜落、パイロット死亡

2020年10月30日

バイデンの息子の合弁会社、中国軍事取引で年間4兆円

きょうはアメリカ民主党のバイデンのこと、台湾のこと、中国国内のことを皆さんに紹介します。

まず、アメリカ民主党のバイデンの息子、ハンターさんのことを皆さんに紹介します。ハンタ

ー・バイデンさんは、お父さんが副大統領の時代、お父さんの権力を利用して何回も中国に行きました。江沢民時代からです。中国の人民解放軍の会社、中国人の葉簡明さんとの合弁会社（中国華信エネルギー）で常務取締役でした。葉簡明は社長です。この会社は、中国の軍事会社です。毎年毎年ものすごくおカネを稼いでいた。このことをナショナル・プレスが発表して、それを援用して、ウォール・ストリート・ジャーナルも報道しました。アメリカでは現在、2カ所が報道しています。

この軍事会社は、習近平政府と同じ機関です。会社が政治と一体となっている。国家ぐるみの会社です。全部つながります。現在、この会社の社長、葉簡明は行方不明です。逮捕されたか、それとも暗殺されたかのどちらか。この人は社長だからよく知っています。

この会社は、年間の売り上げが400億ドル以上あります。日本円だと4兆円ぐらいです。すごいです。何を売るかというと、ほとんど軍事用品とか、軍隊用のもの。例えば、中国は去年だけでそこから石油をいっぱい買いました。中国の国家戦略で石油をタンクに貯めるために、国がいっぱい石油を買いました。ヨーロッパの金融、銀行は、株をいっぱい買いました。2018年には年間の売り上げが400億ドルありました。そのような詳しいことをウォール・ストリート・ジャーナルが報道しました。

バイデンさんの家族だけでなくて、民主党はものすごく腐敗しています。この間、息子のハンターさんの3台のパソコンの中から、eメールとか詳しい記録が見つかりました。このメールは英語だから、これから中国人が翻訳して、中国語でいっぱい報道します。そのことで今、アメリカは大変です。民主党の人気は一遍で落ちました。ハンターさんのお父さんのジョー・バイデンさんも終わります。トランプ大統領が続くのは、とてもいいことです。

アメリカはものすごく変わりました。アメリカの主流の新聞、雑誌も、これからみんな変わります。前はウォール・ストリート・ジャーナルも、ほとんど報道しませんでした。中国から買収されて、中は中国のスパイばかりです。今まではほとんど報道しなかったけれども、それがようやくこの間、取り上げたので、影響力は大きいです。やっと真相を報道することになります。アメリカの主流のマスコミも、隠し切れなくなった。ネット上で、民間がいっぱい報道しました。事実を報道しないと主流のマスコミの信用がなくなります。そのことをきのう、たくさんのアメリカの中国人のマスコミが報道しました。

台湾軍の戦闘機、訓練中に墜落、パイロット死亡

台湾のことを皆さんに紹介します。

10月29日午前7時29分、台湾空軍の訓練中に、F5E戦闘機が、飛び立って2分たたないうちに墜落しました。パイロットは途中で脱出しようとしたのですが、パラシュートのひもが絡まって失敗して海に墜落した。すぐに救援の人たちが来て、急いで病院に連れていきましたが、9時27分に亡くなりました。若いパイロットです。写真を見たら本当に悲しいです。

台湾の調査では、このF5E戦闘機は、1973年にアメリカの協力でつくったもので、年数がたっています。古くなっています。エンジンの故障で墜落しました。台湾の空軍司令官は、F5E型戦闘機を全部、全面的に停止しますと発表しました。これからは、多分誰も乗らないと思います。あと、徹底的に検査するということも発表しました。本当にかわいそうです。

それについて日本の一部で、尖閣諸島の近くで、アメリカ軍が中国の戦闘機を撃墜したんじゃないかという情報が流れていますが、それは違います。台湾の軍事訓練中の戦闘機が墜落した。これが事実です。

内モンゴルで逮捕者すでに1万人!

内モンゴルについては、9月ごろから今現在まで、ネット上の報道は少ないです。きのう、2カ所ぐらいで報道されました。中国共産党は今、内モンゴルで中国語教育を強化しています。これに対して反発する人が、9月から今現在(10月)までに1万人ぐらい捕まった。逮捕された人たちは、新疆ウイグル族と同じで、収容所に入れられて、洗脳されます。政治教育とかいろいろ洗脳教育をされます。本当に第二の新疆ウイグル族です。恐ろしいですよ。2カ月の間に1万人です。

内部の人の情報では、彼らは、これを早く拡散してください、本当に私たちは今大変です。助けてくださいと言っています。

収容所の中で、毎日無理やり勉強させて、洗脳する。政治の学習です。大変なことです。皆さん、応援してください。これからますます災難が来ます。ご飯を毎日十分に食べさせないし、本当に大変です。悲しいですね。

現在、1万人の中に子どもさんがいるかどうかは報道がないのでわかりません。女性も男性も両方います。無理やり中国語教育を押しつけられ、モンゴル語教育は制限されたわけです。漢民族の言葉である中国語を教育される。親を逮捕された子どもはどうなりますか。本当に心配です。新疆ウイグル族みたいに、小さい子を1カ所に集めて教育する確率が高いです。

習近平政府はメチャクチャですよ。民族が絶滅するのは、まず言葉からです。早く習近平政府を潰さないと、本当にどの国も、どの民族も、安心して生活できません。内部からのeメールで、「皆さん早く拡散してください。我々を助けてください」と呼びかけました。

内モンゴルのことは、これからニュースがたくさんあると思います。また続けて皆さんに紹介します。

江沢民派がアメリカ司法省等に提供したバイデンファミリーとオバマスキャンダルの写真

2020年10月31日

江沢民派がアメリカ司法省等にスキャンダル写真を提供

　きょうはアメリカのことを中心にして、皆さんに報告します。今アメリカでは、バイデンさんのこと、オバマのこと、民主党のことで、いろいろな事実やスキャンダルが出ています。それを皆さんに報告します。

　今現在、中国は江沢民派と習近平派が、内部でものすごく闘っています。何人か暗殺されました。江沢民の孫は今、アメリカに住んでいます。江沢民派の、逮捕された薄熙来の愛人の娘はアメリカで仕事をしており、オバマとバイデンさんとバイデンさんの息子と知り合いです。この薄熙来の愛人の娘は、薄熙来の娘でもあるわけですが、中国の大きな会社である華信エネルギー会社の外国貿易の英語担当です。アメリカの大学を卒業しており、担当の全てのことを全部よく知っています。この娘は皆さんとパソコンのeメールでやりとりがあり、バイデンさんの息子のハンターさんに直接連絡しました。

去年の報道では、その娘がバイデンさんに何回も連絡したけれど、バイデンさんが出てくれない。それでバイデンさんの息子に連絡した。息子とは長い間連絡がなかったんです。その娘は、あなたのパソコンとか資料がいろいろここにあります。第三者のところに送りますと言いました。

バイデンさんの息子も、バイデンさんも、オバマも、クリントン元大統領も、中国といろいろつき合いがあった。ホテルで女の子と遊んだりとか、いろいろなことがあった。特に未成年の女の子と遊んだりした。このようなことに関して、江沢民は3枚のDVDをつくって、アメリカの司法省、トランプ大統領の手元、あとは民主党の女性下院議長のナンシー・ペロシに送りました。

特にバイデンさんは、息子を連れて何回も中国に行っています。国専用の喜び組のようなところに連れていかれて、そこの未成年の女の子と遊んだりした。本当に我々は信じられない。未成年と遊ぶとか、女性と遊ぶとか、中国政府が連れていったんですよ。このようなスキャンダルの記録が、息子のハンターさんのノートパソコンの中にいっぱいありました。今現在は、アメリカに来た郭文貴さんが少しずつその写真を出しています。ネット上に写真を出して1週間で、1000万人以上の人が全世界で見て、皆さんびっくりしました。

江沢民の孫とか薄熙来の愛人の娘がアメリカの司法省とかに送ったDVD3枚の写真、あと郭文貴さんが今世界に出している映像を、皆さん見てください。説明します。

写真の紹介と説明

ＤＶＤの中の写真を見て、びっくりしました。これが民主党の姿です。ハンター・バイデンの背中に入れ墨がある。

これは手を縛られた女の子がいて、後ろから白人の男性が何かしています。白人男性は民主党のペロシの息子です。女の子は未成年で、手首のところに赤い線でドクロが描かれています。

女の子が立ったまま縛られています。ハンターがフランスから連れてきた18歳の女の子です。人身売買された。この女性は検査して性病はないので、高い値段で売られました。今現在、生きているか死んでいるか、わからないです。

ハンターさんとオバマの娘は、オバマの大統領時代から知り合いです。下のほうの一人は髪の毛が黒いから、あまり苦労がないのかもしれない。

上のほうがオバマの娘です。クレジットカードにオバマと書いてある。この子は背が高くて１メートル85あります。１９９８年7月4日生まれで、今、ハーバード大学に在学中で22歳です。２０08年に、バイデンさんと仲よくなりました。今現在はバイデンさんの家族とメチャクチャ仲がいいです。オバマはバイデンさんの選挙を何回も応援をしました。それは、この娘とバイデンさんの息子のハンターさんが性の関係があったからです。これは２０１8年ごろの写真です。

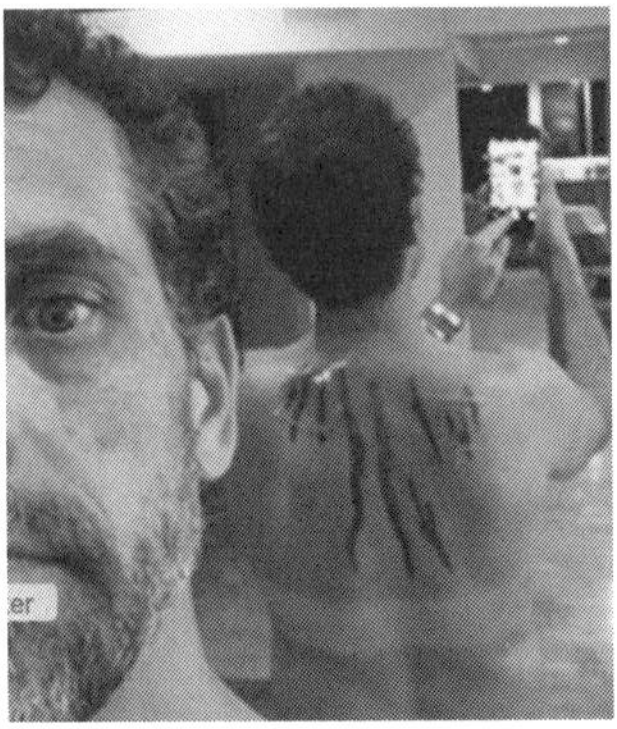

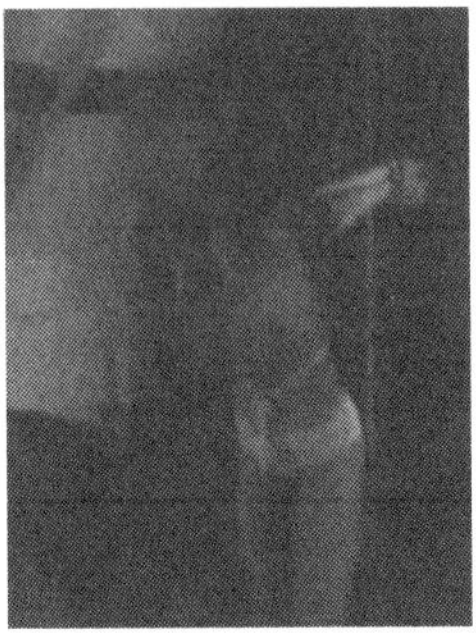

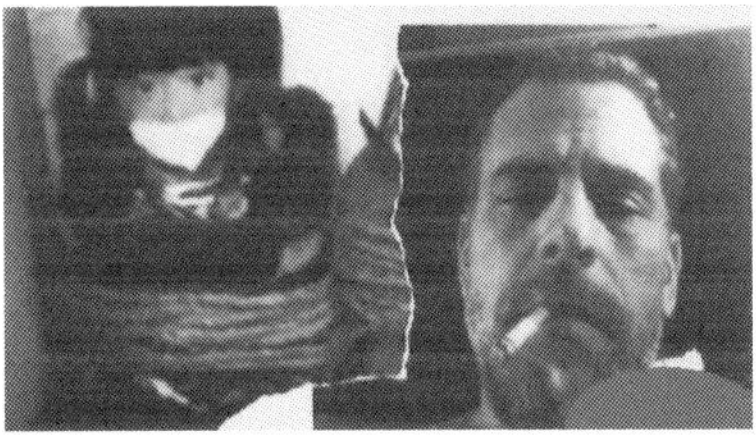
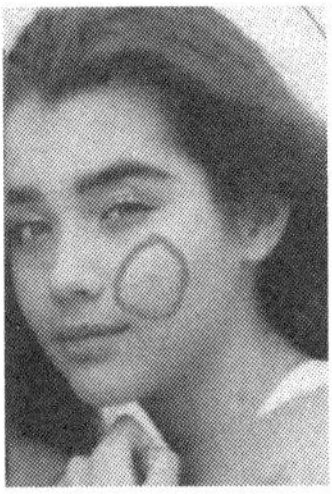
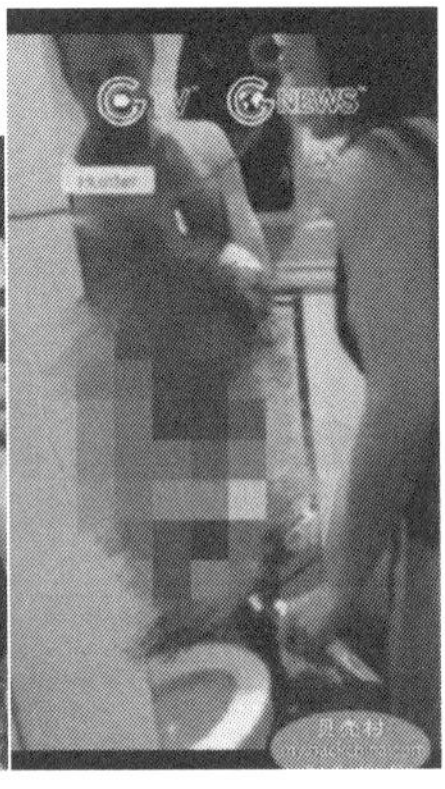

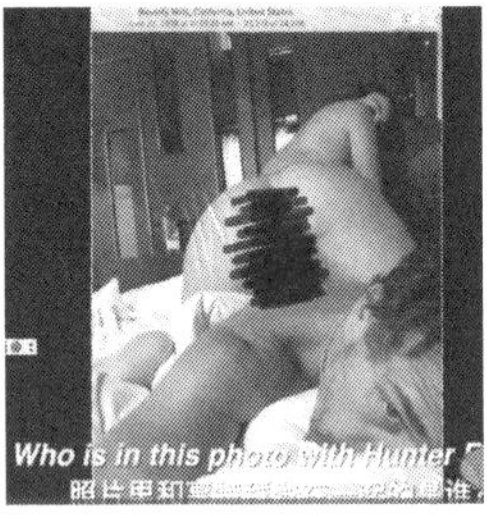

DVD の中のバイデン親子の
映像に世界が凍りついた

この写真の女性は中国の有名な女優さんで劉亦菲といいます。男はハンター・バイデンです。この二人は性的関係がありました。これは路徳社が10月22日に報道しました。2013年に、中国の東方集団のナイトクラブの中で撮られました。

男が小さな少女にキスしている写真がいっぱいあります。これはバイデンさんのお父さんです。この家族はメチャクチャですよ。バイデンさんも息子さんもみんな未成年の顔にキスしたりとか、変態の家族です。皆さん、見たらびっくりしますよ。中国人が今、アメリカのネット上で発表しています。こういう写真がアメリカのメディアでいっぱい流されています。韓国とか台湾にも流されました。家族全部変態ですよ。

この写真は、オバマ大統領が女の子を膝に乗せています。場所は中国じゃないと思います。アメリカですね。オバマさんの膝に座った女の子は中国人ですよ。アメリカの中国人みたいです。アメリカのクリスマスのときの飾りがありますね。これはホワイトハウスの中でしょうか。どこかわからない。頭髪の感じからいくと、2016年ごろ、そろそろ大統領の任期が終わるころの写真ですね。

この写真は女の子が縄でくくられている。これはハンターさんです。この女の子を見ると、多分中国人だと思います。中国で女の子を虐待している写真だと思います。

この写真の女の子は小学生みたいですね。このような東洋人の未成年の女の子の写真が、ハンターのノートパソコンの中に7枚ぐらいありました。

この写真も、ハンターさんと女の子かな、中国にいるときの写真です。

この写真ははっきり見えませんね。バイデンさんがいて、女の子がくくられている。はっきりわからないけども、未成年の女の子みたいです。

この写真は、フランスから連れてこられたアジア系の女の子です。

この写真はハンターさんの顔はわかる。はっきりしないけれども女の子がおります。女の子は手に歯ブラシを持っているみたいです。ホテルで朝起きたときに歯を磨こうとしている。はっきりわからないけれども、西洋人みたいです。

この写真では、オバマとハンターが立っています。２０１６年4月ごろに南シナ海を売って、中国から一説によると１００億ドルおカネをもらいました。ハンターのお父さんのバイデンさんもおカネをもらった。オバマのほうは少ないです。オバマは８０００万から1億ぐらい。オバマが中国に、何もしないから南シナ海を勝手にしていいという約束を裏でして、その見返りにおカネをもらっていたという話です。売国罪ですよ。オバマの弟は、中国人の嫁をもらっています。中国のお金持ちがオバマの弟に協力して、中国の深圳で10軒以上の焼き肉屋をつくりました。

中国とアメリカ民主党は、十何年間のつき合いがあります。このようなメチャクチャをするから、アメリカは本当に危ないです。怖いですね。

この写真は、オバマの娘とバイデンさんが、最初、知り合ったころの写真です。バイデンさんの手を押さえている下の人がオバマの娘みたいです。

習近平・愛人との間に息子が3人バイデン工作を担当
バイデン一家・中国から300億円スイスの口座に入金
バイデン息子・麻薬で歯なしに

2020年11月1日

習近平と愛人の間に生まれた息子たち

アメリカにある中国人学者が主宰するマスコミの路徳社が、きのうネットで習近平と愛人との間に生まれた3人の息子について報道して、大騒ぎになりました。

まず、張博という息子がいます。彼のお母さんは、習近平の愛人で、中国海南省にある会社の社長を今も務めています。お父さんは海南省の書記です。張博さんは現在、36～37歳ぐらいだと思います。今は中国国内に住んでいますが、32歳ごろ、アメリカ、オーストラリア、ニュージーランドに豪華な家を買いました。オーストラリアの学者の女性の報道によると、オーストラリアでは1人で35万ドルの家を買ったそうです。

その2～3年前、民主党のバイデンさんの息子、ハンターさんが中国を訪れました。張博さんは、習近平に頼まれて、ハンターさんを陝西省西安市への旅行に連れていきました。1週間の中国滞在の間、ほとんど張博さんがハンターさんを世話しました。このときの中国旅行のおカネは全部、習近平政府が支払いました。このように、アメリカの民主党は習近平政府と深い関係があります。

張博さんは習近平が一番信用する息子です。習近平の娘がアメリカのハーバード大学に留学したとき、入学してから最後まで全部、張博さんが世話をしました。アメリカに家がある彼は、習近平の命令で、工作員として共和党内部に潜入する仕事もしました。トランプ大統領のそばには中国のスパイが何人か潜入しています。張博さんもその1人としてトランプ大統領の周辺でいろいろな情報を集めました。薄熙来の娘も同じです。バイデンさんと結構長いつき合いがあります。

それから、習近平と2番目の愛人との間に生まれた息子がいます。1972年生まれのその息子は劉呈杰という名前です。お母さんの名字である劉を名乗っています。郭文貴さんのYouTubeの中に、劉呈杰さんのお父さんは中国で王岐山国家副主席より力があるという話が何回も出てきました。

もう一人は、習近平と3番目の愛人との間に生まれた息子です。山東省で生まれた彼も王というお母さんの名字を名乗っています。

習近平の3人の息子たちは、写真を見ると、習近平によく似ています。彼らはみんな大きな会社を持っていますが、ハンター・バイデン氏の中国旅行の世話をしたり、共和党に潜入して情報を集めたり、アメリカを行ったり来たりしている張博さんについては、習近平が政治家として育て、将来、跡継ぎにするのではないか、世襲を狙っているのではないかという話があります。

この間の大会が終わってから、習近平は後継者となる人物を全く指定していません。かつて毛沢東時代、彼の死の前に華国鋒が中国国家主席になりました。華国鋒は後に鄧小平により失脚しますが、毛沢東の愛人の息子だというウワサがあります。習近平も毛沢東と同じように、政治家向きと考えている息子の張博さんに跡を継がせるのではないかというわけです。

ということで、習近平の3人の息子が報道されました。それぞれの母親、つまり習近平の愛人はいずれもアナウンサーか女優です。今の妻との間にはハーバード大学を卒業した一人娘がいます。今のところ習近平の子どもは4人ですが、まだほかにもいる確率が高いです。あと何人出てくるかわかりません。王岐山もこの間、愛人との間の娘が、カナダに1名、アメリカに1名、2人出てきました。偉い人にはみんな愛人と子どもがいます。メチャクチャです。

ニュージーランド　国土の危険

この間、アメリカは600ぐらいの中国人組織を全部報道しました。これらの組織は習近平の息子とかいろいろなつながりがあります。このことは、反習近平の江沢民派が、内部秘密の入った3枚のDVDをアメリカの司法省やトランプ陣営に渡したことから明らかになりました。そのDVDの中に、習近平の家族、愛人の3人の息子の情報も入っていました。

3枚のDVDの内容がこれから次から次に報道されて、アメリカが本当に危ない状況であることが明らかになると思いますが、ニュージーランドもメチャクチャ危ないです。習近平の愛人の息子の張博さんがニュージーランドに豪華な家を買ったというお話をしましたが、DVDの情報で、中国共産党幹部の2世、3世、あと愛人の子どもが、別荘とか山とか、ニュージーランドの国土の半分ぐらいをおカネで買っていることがわかりました。彼らは偉い立場にいる父母を利用して、海外のどの国でも家や会社を買っています。そのことを路徳社が報道しました。

マスコミの犯罪

元ニューヨーク市長で、トランプ大統領と仲がいいジュリアーニさんが、きのうのバノンさんの番組の中で、バイデンさんの息子のハンターさんが麻薬と深くかかわっていることを話しました。ハンターさんは、バイデン一家が不正に手に入れたおカネをメチャクチャ麻薬に使っています。麻薬のためにアメリカの裏社会と中国を行ったり来たりして、40歳ごろには歯が一本残らずなくなりました。お父さんのバイデンさんはそのことを知っているけれども、自分の息子に「注意しろ」とも何も言わず、息子に好き放題やらせています。ジュリアーニさんは厳しい口調で、そのようなバイデンさんはアメリカ大統領にふさわしくない、ホワイトハウスに入るどころか、すぐさま連邦刑務所に入らなければいけないと語りました。YouTubeも見ましたが、ジュリアーニさんはものすごく怒った顔をしていました。

バイデンさんの家族は、中国から少なくとも3億ドル、日本で約300億円のおカネを不正にもらいました。びっくりするような額のそのおカネは今、スイス銀行に隠されています。そこからバイデンさんは今まで何回もおカネをおろしています。おろした額は4500万ドルぐらいに及ぶという記録が銀行の中にあります。

このようなバイデンさんは、アメリカにいる中国共産党の間諜、スパイです。アメリカの裏切り者である彼がホワイトハウスに入れるわけがない。でも、アメリカの4分の3のマスコミは、バイデンさんと中国共産党の真相を報道しません。彼らマスコミはトランプ大統領に恨みがあり、民主党のために真相を隠しているのです。「これは犯罪であり、許さない」とジュリアーニさんはきのうのYouTubeで発表しました。

ミネソタ州で民主党左派の暴動計画が発覚

アメリカのブライトバート・ニュースは、10月29日、警察が秘密の公文書を見つけたことを報道しました。その公文書には、アメリカ大統領選挙でトランプさんが当選した後、ミネソタ州の各市の民主党左派グループが全て連合して、大規模な戦略的暴動・破壊行動を起こすための具体的な計画が書かれていました。

ミネソタ州のあちこちで大暴動が起きたら、トランプ大統領がもう一回選挙をする確率が高いです。選挙をもう一回やり直させることが暴動を起こす狙いです。やり直さなければ、また暴動を起こす。爆弾などの武器を使ってモノを破壊する。そのための計画が、見つかった公文書には記されていました。ミネソタ州は、トランプ大統領に当選してほしくない左派が多いのです。

警察は、トランプ再選後の左派グループの暴動に備えて、あしたぐらいからたくさんの警察官であちこちを防衛します。これからアメリカ全国の警察が選挙後についてしっかり気をつけると思います。

人民解放軍の変化

日本、アメリカ、カナダが今もまだ南シナ海で軍事演習を続けています。このような軍事演習を中国はほとんど報道しません。ジッと見るだけです。この軍事演習を見て、中国人民解放軍はビビりました。中国の武器はダメだと認識しました。中国の国防長官はアメリカに電話して、アメリカは中国を敵視する必要はない、中国はこれから軍事面も含めてアメリカと交流したい、中国を挑発しないでほしいと伝えました。

中国国防省の呉謙報道官も、29日、「アメリカと中国の関係は非常に重要です。中米両国の軍隊は安定した関係を保ち、ともに発展して平和のために努力します」と発表しました。この発表は30

日の自由時報で報道されました。前のオオカミがほえるような言葉遣いは影を潜め、やわらかな言葉ばかり使っています。人民解放軍は急にものすごくおとなしくなりました。前と全然違います。別人のようです。

トランプ当選で中共&民主党派暴動の可能性も FBI長官も買収

2020年11月3日

トランプ当選で暴発する「赤い民主党」

11月3日、午前2時前後という早い時間に、台湾の東森新聞のYouTubeの報道がありました。私はそれを午前4時ごろ見てびっくりしました。ものすごい数のトランプ大統領支援者のクルマがワシントンやニューヨークに向かっていて、道路が150キロぐらい大渋滞しているのです。台湾の人の話では、150キロというと、台湾の台北から台中までの距離に相当します。それだけのクルマが選挙応援のキャンペーンのように走っているのです。

バイデンさんを応援するクルマもありますが、それと比べたら、トランプ大統領を応援するクルマのほうが圧倒的に多いです。ハイデンさんを支援する旗を掲げたクルマは、遅く着いたほうがいいから、トランプ派のクルマがすぐ取り囲んでしまいます。

選挙について、トランプ大統領は大丈夫、当選するという分析が多くなされています。特に台湾のマスコミや専門家たちは、トランプ大統領を支援する人が多いです。前にバイデンさん、民主党を応援していた人たちの中には、バイデンさんの息子のスキャンダルなどで、急に反バイデン派に変わる人がたくさん出てきました。トランプ大統領支持は、前はバイデンさんより低かったのですが、今は同じランクになって拮抗しています。それだけトランプ大統領を支援する人たちがふえています。

選挙はあしたの晩で終わります。もしトランプ大統領が再選されたら、民主党はものすごく腹を立てるでしょう。負けてヤケクソになった民主党支持者たちが暴動を起こす確率が高いです。

今、アメリカには６００以上の中国系の組織があります。それらは中国習近平政府のスパイ工作部隊です。この40年間で、共和党に反発する民主党の多くの政治家が中国共産党に買収され、赤い色に染められました。民主党は中国から反トランプの圧力をメチャクチャ受けています。民主党と中国共産党のスパイ工作組織が共同で暴動を起こす可能性があります。アメリカは中国共産党のスパイにメチャクチャにされました。恐ろしいです。

在アメリカ中国大使館・領事館の中には、帰化してアメリカ国民になった人たちが結構多くいます。彼らは中国共産党からバイデンさんに投票するよう命令されています。また、アメリカには500万人以上の中国人がいます。600の組織の中の偉い人が各所にバイデンさんに投票するよう命令を発しています。自分の家族が中国国内にいる中国人は、命令を聞かないと、国内の家族がやられますから、命令どおりにします。そういう票が結構いっぱいあります。

今現在、アメリカのたくさんの州が住民に対して、少なくとも2週間分の食料や水、日用品を準備するよう命令を出しました。警察内部にもう情報が入っていて、民主党が多い州は警備の警察官を倍増させました。ワシントンとニューヨークは警察官がものすごくふえました。特にニューヨークは、退職した警察官も動員して警備に当たり、店やスーパーはあす早く閉まります。

アメリカは銃の国です。2~3週間前、アメリカ各地の住民たちはメチャクチャ銃を買いました。男も女も、銃を持つ人、射撃を練習する人が非常にふえました。非常に危険で、最近、「銃を売ってはいけない」という命令が警察から出され、たくさんの銃器店が店を閉めました。射撃練習場も最近は全部閉まっています。今回のような選挙はアメリカの250年の歴史で初めてです。あすどうなるか皆さん関心を持っていると思います。

トランプ当選後の有事を見据える中国、台湾

10月29日、アメリカは太平洋に向かって大陸間弾道ミサイル「ミニットマン3」を発射しました。

同日、中国政府は、広東省、上海の近くの浙江省、北京、山東省など中国沿海部の住民たちに、食べ物、日用品、絆創膏などの医療用品を買っておくよう命令を出しました。沿海部の住民たちはそれらのモノをいっぱい買いました。チベットや新疆ウイグル族にはこの命令はありません。

いろいろ分析すると、中国はアメリカのミサイルを恐れています。今現在、アメリカ軍と日本の自衛隊とカナダ軍が軍事演習中で、この様子を見たら、中国は自分たちが負けるとわかります。選挙でバイデンさんが負けてアメリカと戦うことになった場合を想定して、沿海部の住民たちに、戦争に備えて自分で自分を守るための命令を発したのだと思います。ただ、住民が武漢肺炎で隔離されたら、買い込んだものは要らなくなります。

台湾も同じように有事に備えています。台湾は日本と同じようにあちこちに警察署があります。11月3日の朝、東森新聞や三立新聞、YouTubeなど台湾のたくさんのマスコミが、31日、台湾全国の警察を統合した統一司令部が設けられたことを報道しました。統一司令部は10月31日から11月24日まで設置される緊急的なものです。有事に備えて、警官が2〜3時間に1回、順番に交代して、警察署を絶対離れないようにします。

統一司令部は、爆弾が落ちたり、ミサイルが飛んできたり、何か危険な事態が発生した場合、「早く防空用地下室に入ってください」と、周りの住民に避難を呼びかけるよう各地の警察に指示します。台湾の町の中には大分前から防空用地下室があります。目立つ黄色のマークがあるので、その下に防空用地下室があるとすぐわかります。台湾では普通の住民たちも、警察から爆弾が落ちるという警告があった場合は、市内のどこにでもある防空用地下室にすぐに避難するように昔から教育されています。

また、台湾にもトランプ支持派とバイデン支持派の両方がいて、もしトランプ大統領が当選して、バイデンさんが負けたら、台湾の社会は中国のスパイだらけですから、中国のスパイの指示で台湾でも暴動が起きるかもしれません。大統領選後の混乱を警戒して、アメリカと同様、警察を待機させています。現在、台湾総督府あたりには警察官がふえました。

そのように、台湾の各警察の内部には情報が全部入ります。台湾でも少し食べ物を準備したほうがいいという話もあります。どのぐらいの量の食べ物を準備すればいいかまでは言われていませんが、アメリカの大統領選で、台湾も現在、緊張状態にあります。日本はどうか。私は日本のことは何も知りませんが、いろいろ気をつけたほうがいいと思います。

大統領選挙後に始まる中国人脈への制裁

先ほど10分前にニューヨークにいる中国の民主活動家の報道がありました。報道によると、アメリカ大統領選挙の後、トランプ大統領は、前のニューヨーク市長のジュリアーニさんを連邦の特別検察官に任命します。バイデンさんをはじめとする民主党の偉い人、それと中国共産党の偉い人を2カ月以内に裁判にかけるよう、立件の準備をします。

アメリカの警察内部には中国共産党のスパイがいます。前のＦＢＩ長官も中国に買収されて、習近平政府とつながっています。習近平政府の代理人です。この方もこれから裁判にかけます。フリン将軍の弁護士として有名な女性が代理長官に任命されます。これはアメリカにいる、トランプ大統領と仲がいい中国の人たちからの内部情報です。このことは選挙が終わってからすぐ発表されます。

アメリカの至るところに中国のスパイが入り込んでいます。民主党は中国から数千億ドルものカネをもらっています。バイデンさん１人だけではなくて、民主党の幹部たちはほぼ中国に買収されています。このことをトランプ大統領はよく知っていて、これから彼らを制裁します。

武漢肺炎ウイルスは外国由来と主張したい中国

中国の山東省煙台市には、ブラジルに注文した豚肉が２０２０年9月ごろにたくさん入りました。その豚肉を包装しているビニールを検査したところ、中国武漢肺炎ウイルスが検出されました。煙台市政府が調査して、その豚肉をさわった人たち全員が隔離され、豚肉が入った場所を全部消毒しました。

山東省青島市は、9月29日から全国に当市への旅行を呼びかけ、大勢の旅行者が訪れました。しかし、検査で71名の武漢肺炎感染者が発生して封鎖されました。隔離中の人たちの中には豚肉を食べた人がいます。前は冷凍のタラやサケ、今度は冷凍の豚肉。魚が終わったら豚肉。ウイルスは外国から入っていると、外国のせいにしたいのです。

また、中国は、外貨、アメリカドルがなくて大変な状態です。モノを買わないで外貨を節約したい。ブラジルの豚肉をとめるというのは、外貨がないからモノを買わないということの言いわけでもあると思います。このことは11月1日に中央社が報道して、皆さんがツイッターに投稿しています。中国政府はおかしいです。この先、何が出てくるかわかりません。

アメリカ大統領選・速報 ペンシルベニア州で30万票が紛失 郵便投票で大規模不正が発覚

2020年11月5日

ペンシルベニア州で30万票が紛失

アメリカ大統領選挙のことで眠れず、朝も早く起きてしまいました。トランプ大統領のことを本当に心配しています。

11月3日、最初の投票日は、トランプ大統領の票が多かったです。この状況を見て、トランプ大統領は大丈夫だと思いました。でも、4日の開票状況を見たら、急にバイデンさんの票がふえました。ある州ではまだトランプ大統領の票が多いけれども、別の州ではバイデンさんの票がトランプ大統領より多いという状況になりました。

ペンシルベニア州では3日に250万6557票まで開票されました。この段階ではトランプ大統領の票が多かったです。あと59万票以上です。59万というのは結構多いのですが、急に30万票がなくなりました。30万もの票がどこかに消えた、紛失したというのはおかしいです。このことはワシントン、ニューヨークなどアメリカのほかの都市でも報道されました。台湾、ヨーロッパでも報道されました。台湾の報道では、郵便局に郵送されなかったとか、ネット上で送信されなかったとか、ごみ箱に捨てられたという話が出ています。

いろいろどこかに隠されたということですが、原因はわかりません。現在、ペンシルベニア州では、開票を停止し、30万票がどこにあるのか、警察が調査中です。あと2～3日ぐらいで真相がわかると思います。警察は、あした票のことをもう一回皆さんに報告すると言っていますが、あした出てくるかどうか。票の紛失以外にも、郵便投票で、その州に住んでいない人のニセ票をつくるなどの不正が相当行われているようですし、もし30万票が出てこなかったら、最後はトランプ大統領とハイデンさんが裁判をする確率が高いです。裁判闘争になりそうです。

反トランプのマグマ

ヨーロッパの国の1つ、スロベニアのヤネス・ヤンシャ首相は11月4日、ツイッターに「トランプ大統領を応援します。彼は選挙で必ず勝ちます。彼の勝利を早めにお祝いします」と投稿しました。

トランプ大統領も4日の朝、3つの短文をツイッターに投稿しました。「私たちはこれから勝つ。彼（バイデン）を勝たせることはない」という内容の投稿ですが、投稿の10分後、2つの文が消されました。これは民主党が裏でしたことではないかと疑われます。トランプ大統領のツイッターは何回も消されています。

トランプ票が多かった3日、ワシントン州で、トランプ票がバイデン票より多いことに反発した人たちがデモをしました。彼らはアメリカ国歌を歌いながら警察官と正面衝突しました。小規模なデモで、衝突が起こったのも1カ所だけで、大規模な暴動ではありません。衝突の結果、2名が軽い負傷をして、幸い警察官が多かったので、すぐに3人が逮捕されました。

この衝突については、中国人の学者が現場で写真を撮って報道しています。アメリカの大手マスコミはあまり報道していませんが、トランプ票が多いことが不満でデモをした人たちのような、反トランプ大統領のアメリカ人が大勢います。ハイデンさんが負けたら、衝突が起こる確率が高いです。

スパイ同然の中国の留学生

２０２０年5月、トランプ大統領は、中国からアメリカへの留学生の入国を禁止すると発表しました。9月から10月までの2カ月間で、申し込みをした中国からの若い留学生、１０００名以上のビザをアメリカは拒否しました。中国の留学生は国から派遣されています。中国共産党、人民解放軍、習近平政府の幹部たちとつながりがあるスパイが多いです。北京のアメリカ領事館はサインしたけれども、入国管理局は彼らの入国を禁止しました。彼らはその場で帰国することになります。

中国共産党に関する詳しい情報を持つ中国の外交官が7～8年前にオーストラリアに亡命しました。その外交官の話では、中国の国から派遣された留学生は、外国に到着した日にすぐ現地の中国大使館に、例えば「ハーバード大学で勉強します」とか、通学する大学、そこで勉強する科目を全部報告しなければなりません。報告して大使館で登録した後は、1カ月に1回か2回、「〇〇を研究した」とか、勉強した内容の報告書を大使館に提出します。留学生の生活費や学費は毎月毎月、大使館の教育部が出します。

中国の国の公文書が阿波羅ネットの手に入り、報道されました。中国雲南省の教育部、農業関係の生物技術学園の公文書です。報道によると、２０１９年8月に留学生におカネを援助して、その留学生が例えばハーバードに入ったら、植物を研究する教授の名前、2021年1月29日までに勉強する内容を全部報告書に書かなければならないということが、公文書に詳しく記されています。

この公文書に基づいて大使館から細かい指示が出され、留学生は自分が勉強していることを全部詳しく書きます。留学先の学校の教授とか、いろいろな外国人の情報が大使館経由で中国共産党政府の専門家や人民解放軍の情報部にもたらされますから、本当にスパイと一緒です。

そうした情報をもとに、中国政府は外国の大学教授と上手につき合います。中国政府がおカネを出して特に技術、生物、軍事の有名な先生が中国に呼ばれます。たくさんの先生が、中国国内で講演会をしたり、中国のどこかの大学の名誉教授になったりして、交流を名目に自然な形で、知らないうちに中国共産党や中国の学生さんにいろいろな知識、技術、情報を教えてしまうことになります。

中国は少なくとも10年前に1000人計画をつくっています。1000人計画の対象者には外国の大学教授が多いです。この状況は本当に危ないです。怖いです。アメリカは、中国の人民解放軍、共産党幹部との関係を懸念して、2カ月の間に1000人以上の中国の留学生の入国を禁止したのです。

アメリカに来る中国の留学生は去年2万5000人ぐらいでした。2020年は今まで150人ぐらいです。入国審査がものすごく厳しくなって、非常に減りました。150人には共産党幹部と関係がある留学生はいないと思います。普通の中国の国民が多いと思います。アメリカは中国の国の留学生をよくとめました。２０２１年はもっと厳しくなるでしょう。情報では、日本も２０２１年から中国共産党の留学生を厳しく審査します。いいことだと思います。

カナダで暗躍する中国人の麻薬商人

先ほど10分前にカナダの情報が入りました。カナダ警察が麻薬の製造販売で37人を逮捕しました。37人中、カナダ人は6人で、残りの31人は中国人です。このことをカナダ政府が報道しました。

今、カナダは麻薬の問題で大変頭が痛いです。中国人が裏で麻薬を販売しています。カナダで麻薬とかいろいろなドラッグを販売する人間には、中国人がものすごく多いです。今回、逮捕した中国人を裁判して刑務所に送ると、刑務所が大変です。中国に帰すのかどうか。中国は政府からして麻薬をつくっています。

カナダは、国土が広くて、麻薬をつくっている場所を見つけるのがなかなか大変ですが、今回、カナダ警察は、麻薬の原料のケシの花を2万９０００本栽培している場所を見つけました。それらの花はもうそろそろ収穫の季節を迎えるところでした。ケシの花はきれいですが、２万９０００本あると、１８００キロの麻薬がつくれるようです。恐ろしいです。

ケシの花を法律を守らず無許可で栽培するところがカナダではものすごくふえました。本当に危ないです。カナダの警察は、麻薬を製造販売する人間を次から次に捕まえています。捕まるのは、カナダ人もいますが、中国人が多いです。カナダは、95年ごろ香港の人が大勢入ってきて、中国人が多いのです。カナダ政府は「皆さん麻薬を買わないでください。気をつけてください」と呼びかけています。

不正だらけの米大統領選挙　有権者100％がバイデンに投票⁉
水増し・捏造・すり替え、証拠が続々と明らかに
静観する中国・ロシア

2020年11月10日

不正だらけの米大統領選挙

アリゾナ州フェニックスの選挙詐欺がバレました。ここの45万票の全部がバイデンさんだけに投票されていた。ほかの候補に入った票が1枚もない。フェニックスではたくさんの住民が怒っています。州議会のビルの前に、少なくとも300人から500人ぐらいの住民が集結して、選挙詐欺をやめなさいと抗議した。トランプ大統領の弁護士さんが死んだ人の投票が多いと。このようなことは今まで歴史上ないことです。バイデンさんだけに票が入るという選挙はおかしいです。1枚も

ほかの票がない。45万枚全部がバイデンさんですよ。このような詐欺はどの国でもあり得ない。アメリカの元国家安全保障問題補佐官のマイケル・フリンさんの弁護士さんが怒りました。

ペンシルベニア州の８万票、ネバダ州の15万４０００票は無効になります。偽造とか、トランプ大統領の名前が消されて、バイデンさんの名前に変えられた。このような票がペンシルベニア州では８万、ネバダ州では15万４０００も見つかりました。州の判断は、無効になります。そのことも発表されました。

あとは、選挙権のある人は40万なのに、後で投票を数えたら80万票だったところもありました。このことは阿波羅ネットの報道で、現地時間の８日、一人のアメリカ人がツイートした。ジョージア州のある地区の選挙の例を、皆さん見てください。登録された選挙権のある人は58万１４６７名で、実際に投票した人は40万８２６８名でした。最後に投票された票を全部数えたら81万１８３６票でした。倍にふえました。おかしいですね。ニセの投票が倍以上あった。ほかの住所とか名前とか偽造、81万票です。

ジョージア州の選挙委員会の報告では、そこだけでなくて、ほかの州の地区でも同じような選挙詐欺があります。今はこの州を例として皆さん見てください。メチャクチャです。

今アメリカは、全国あちこちの州でニセ選挙、詐欺選挙があります。大問題ですね。それでトランプ大統領の弁護士さん２０００人ぐらいが裁判にかけます。本当にアメリカはメチャクチャですよ。多過ぎます。毎日、次から次へと報道されています。

ジョージア州では、詐欺選挙で13万2000票が偽造された。名前が変わったりとか、住所が変わったりとかで、13万2000票が無効になります。

6日の晩に、アリゾナ州フェニックスで、選挙に関する苦情とか不満、詐欺選挙についてのいろいろな情報の電話を受け付けたところ、1日だけで20万以上の電話があったと報道されました。今、全米50カ所で電話があります。トランプ大統領を応援している人からの電話がいっぱいありました。毎日こういう状態で、本当に大変です。裁判になったらどうなりますとかね。

最後は必ずトランプ大統領が勝つ。正しいトランプ大統領が勝つと、海外のたくさんのアメリカ人とか中国人のマスコミが、いっぱい報道しました。

中国、ロシアの反応

この間、バイデンさんは、自分が次の大統領になると発表しました。バイデンさんを支援するアメリカのマスコミも報道しました。でも、中国の新華社とか人民日報とかの大きなマスコミは全然報道しないです。中国の人はバイデンさんの古い友人だから、普通ならば中国は報道するでしょう。それが全然何も報道しない。ただ、人民日報と新華社が、外国マスコミ、例えばカナダとか日本とかが、バイデンさんが当選したと報道したということを引用するだけです。自分の意見とかお祝いとか、何もないです。珍しいでしょう。

それは皆さんがよく知っているからです。アメリカの至るところに、数千人の中国共産党のスパイがいます。アメリカの選挙の状況が、毎日習近平に入ります。バイデンさんは勝つわけがないと、習近平はわかります。今の中国政府は、仕事は何もしないで、毎日、アメリカの選挙のことを見ている。毎日です。アメリカの選挙にものすごく関心を持っています。今まで、バイデンさんにお祝いの言葉は何もないです。ただ静かに見るだけです。習近平は、バイデンさんは無理だとわかるからです。全米のバイデンさんの選挙詐欺のことがよくわかります。だから絶対にバイデンさんへのお祝いはないです。

同じく、ロシアも何も発表しないです。ロシアのスパイもアメリカにいっぱいいるので、よくわかります。ロシアのプーチン大統領は何も言ってないでしょう。

あまり真相を知らないほかの国はお祝いを発表しましたけども、ロシアと中国、この大きな二つの国は何もお祝いの言葉がないです。しっかり分析しています。スパイが多いから、習近平もプーチンも、アメリカのデモの状況とか、詐欺の状況がよくわかります。

ネット上では、中国国民が、バイデンさんはダメだというツイートを結構いっぱいしています。自分の国は選挙が何もないので、アメリカの選挙にものすごく関心を持っている人が多いです。特に習近平政府は、毎日ネット上に次から次へと入ってくる情報を見ています。アメリカの選挙に関心を持っています。これからあした、あさって、選挙詐欺についての事実がいっぱい出てきます。これからトランプ大統領の裁判が行われて、最後は、正義のトランプ大統領が当選すると思います。

またあした、皆さんに報告します。

中共が盗んだ米大統領選
米司法長官が不正選挙の調査を指示

2020年11月11日

中共が盗んだ米大統領選挙

きょうはアメリカの選挙のことと、中国のことと、今の武漢肺炎のことを皆さんに紹介します。まずアメリカ大統領選挙のことです。おととい、元ニューヨーク市長でトランプ大統領の弁護士のジュリアーニさんが、アメリカのFOXニュースのインタビューで、今現在の状況を、少なくとも15州の選挙が法律違反で、今、少なくとも50名ぐらいの証人がいます。彼らはいつでも証人として真相を皆さんに発表しますと発言しました。

例えば、ペンシルベニア州フィラデルフィアでは、45万枚の郵送投票の封筒がなくなりました。封筒はどこに行ったのか。45万枚の封筒が破れたとかではないです。ほかの州もあわせて、行方不明の封筒が多過ぎます。確認できないので、この45万票は無効になると思います。調べることができない。どこから来たかも、名前も何もわからないです。だから無効になる確率が高いと発表がありました。

ジュリアーニ弁護士は、ペンシルベニア州、ミシガン州、ジョージア州、アリゾナ州で、今から裁判が始まりますと。みんな民主党が多い州です。これらの州は弁護士さんも入って、これから調査するということです。来週から全部で裁判をするとFOXニュースが発表しました。

民主党を中国のスパイが裏で応援したので、毎日このような選挙詐欺の事件が報道されます。

アメリカのAP通信の報道では、ウィリアム・バー司法長官が、全部これから調査するよう命令しました。不正選挙に対してこれから捜査を開始するときのう発表しました。ミシガン州、ネバダ州、ウィスコンシン州、アリゾナ州とか、結構多くの州で法律による裁判が始まります。来週から本格的に法に基づいて裁判します。

中国上海の武漢肺炎について

きのう(10日)、アメリカにある大紀元とか、阿波羅ネットとか、結構いろいろなところが報道しましたが、中国上海の浦東国際空港(日本人のおカネでつくった空港です)が急に封鎖されました。飛行機から荷物をおろすときに、荷物が空港内で破損することがある。空港内で荷物運搬の仕事をしている一人の労働者（51歳の男性）、王さんという方が、9日に、体がしんどいなと浦東の人民病院で検査を受けた。体温が37・5度で、CT検査をすると肺が二つともガラスのようになっていた。感染がひどかった。すぐに病院に隔離して治療しています。

その人はことしの4月8日から今まで、ずっと浦東国際空港内で働いていました。その人が今までどれくらい人と会ったか、そばにどれくらい人がいたか、完全には確認できないです。周りが全部封鎖されました。同じところで働く人たちが、全部で181名確認され、今検査中です。

2～3日前に、上海市で開催中の国際展覧会で、習近平の講演会がありました。習近平の話が終わってから2～3日後、この方の武漢肺炎感染が見つかりました。みんな習近平は大丈夫かと心配しています。

その後、きょうの午前2時半から3時の間に、すぐ隣にある安徽省で、1名の武漢肺炎感染者が確認されました。この方は、武漢肺炎でさっきの治療中の男性と会ったことがあります。それでこの人も確認されました。そのほかの周りの労働者181名が今検査中で、隔離中です。この人たちの中から、何人ぐらい出てくるかはまだわからないです。

中国政府は、武漢肺炎を克服した。中国には患者はいないと報道するでしょう。その意味は、外国観光旅行者とか、外国人投資家への呼びかけです。中国政府は今、経済が大変だからです。

次に、2～3日前に、郭文貴さんがやっと山から出てきたという報道がありました。アメリカのトランプ大統領の有名な弁護士さんとかたくさんの支援者たちは、1カ月ぐらい山で作戦会議をしていました。次の皆さんの計画、実行することは山で決まります。ほかのところは中国共産党のスパイがいるし、監視カメラがあって録音されます。アメリカは今、安全なところがないです。それで山が一番いいと選んで、山で会議が1カ月ぐらいありました。2～3日前、やっと郭文貴さんが出てきました。来週、トランプ大統領は、武漢肺炎の事実、感染者はどのくらいかとか、全世界に向かって発表します。これから中国共産党を制裁します。

前に、武漢肺炎の研究者、香港大学の閻麗夢《えんれいむ》さんが亡命しました。

その次に、武漢市の火葬場で働いていた1名の職員が、武漢市から東南アジア各国を経由して、次にアフリカ大陸を経由してから、アメリカに亡命しました。たくさんの国を経由してやっとアメリカに到着した。本当に命をかけて大変でした。

アメリカは選挙で、トランプ大統領も忙しかったけれど、選挙が終わりました。彼はすぐに、武漢火葬場の真相、武漢肺炎がいつ起こったか、最後どうなるか、今現在どのくらい死者がいるかとか、詳しいことを全世界に向かって報道すると発表しました。今現在は、この方がアメリカで報告中です。武漢肺炎の真相が、これから皆さんわかると思います。今、アメリカにいる中国のスパイは、ずっとこの人を狙っています。毒殺か、暗殺か。

アメリカのＣＩＡに今報告中です。そうすると、中国が発表していたことが嘘だとわかる。火葬場の人はよく知っています。最初、どのくらい人が焼かれたとか、7日に分けて焼かれたとか、今どのくらい感染者がいるとか、詳しい情報をアメリカに持ってきました。中国の隠ぺい工作が明らかになる可能性が高いです。共産党が発表したことは誰も信用しない。聞かないです。嘘ばかりです。嘘八百で誰も信用しないです。

これから真相を発表します。トランプ大統領はこの中国共産党の毒殺、生物兵器、生物戦争を絶対許しません。これから制裁します。皆さん待っていてください。このことは、まずアメリカの路徳社が発表して、各社が皆報道すると思います。来週ごろに多分、トランプ大統領がこの真相を発表します。

香港の三大テレビ局が中国共産党の国歌を放送

香港の三つのテレビ放送局が、毎日、朝7時半から8時の間の番組前に、中国共産党の国歌を放送しています。香港にある中国中央テレビ局、フェニックス局、大手の国営放送局はみんな番組前に中国共産党国歌をまず流します。香港人を洗脳するためです。この国歌は、日本と戦っていた時期につくった反日の歌です。日本をやっつけろという歌です。その国歌が香港で、ことしの10月ごろから流されています。10月1日は中国共産党の記念日でしょう。そこからだと思います。これから毎日毎日だと思います。香港の人に対して洗脳教育をしています。このことは阿波羅ネットとか、ほかのアメリカにある中国人のホームページやYouTubeにアップされています。

今、香港はものすごく変わりました。あちこち全部共産党で、香港の人は自由が何もないです。

洗脳教育が始まっています。共産党の愛国教育です。これから香港は大変なことになると思います。

中共が盗んだ米大統領選　トランプ陣営逆転へ
激戦区で数十万票無効　バイデンの獲得選挙人270人割れ
中国の経済回復は嘘

2020年11月12日

ミシガン州とペンシルベニア州で、大量の無効票が見つかった

きょうは、アメリカ大統領選挙のこと、中国のことを皆さんに報告します。

まず、トランプ大統領の弁護士で、元ニューヨーク市長のジュリアーニさんが11月11日にツイッターで書いたことをご紹介します。

「トランプ大統領のサポーターチームは、ミシガン州の1つの郡で数十万票の投票用紙を無効だと発表しました。その後、ペンシルベニア州とミシガン州は正しい票でトランプ大統領が勝利したことを確認しました。マスコミには、あした（つまり、きょう12日）公表します」。このことをまずみんなに知らせるために、ジュリアーニさんはツイッターで書き、それを海外のたくさんのマスコ

ミが報道しました。

ペンシルベニア州とミシガン州でトランプが勝ったのは間違いありません。数十万票のニセの投票用紙は無効になりました。それは全て改ざんされたものです。きょうは驚きの発表があるでしょう。弁護士さんたちは、住所が変わったり、亡くなった人の投票用紙が10万票以上あって、それが無効になることを大分前に発見しました。大手マスコミはミシガンとペンシルベニアでバイデンさんが勝利したと言っていますが、大量の無効票があったとすれば、バイデンさんが270人の選挙人を獲得したことが覆って、バイデン勝利とは言えなくなります。きのうトランプがその2つの州で勝ったと発表しましたが、民主党の反発は何もありません。今晩か、あしたの朝、また新しい発表があると思います。

中国政府は、エスパー国防長官解任をすぐに発表した

トランプ大統領は、11月9日、マーク・エスパー国防長官を解任し、新しい国防長官にクリストファー・ミラーを任命しました。中国新華社は、すぐにこのことを報道しました。中国政府は結構敏感ですね。今までバイデンさんの報道は一切しないでじっと静かに見ていたのに、国防長官がかわったら、すぐにエスパーさんの長い間のいろいろな功績とかを9枚ぐらいの写真つきで報道しました。エスパーさんは親中派だったので、国防長官をやめたことはよほど残念だったのでしょう。

新しい国防長官のミラーさんの経歴は、なかなかすごいです。履歴書によると、彼は1965年生まれで、お父さんはアイオワ州警察署の署長です。アメリカ海軍大学校の司令・参謀プログラムと陸軍戦略大学を卒業し、その後、特殊作戦とテロとの戦いのために国防総省の副次官補として勤務しました。トランプ大統領は、自分の言ったとおりに実行する人としてミラーさんにかえたのです。

トランプ大統領は、エスパーさんに、バイデンさんの中国貿易、彼の息子のスキャンダルの証拠、中国の江沢民派からもらったDVDなどを全部渡していました。それを早く発表するようにと何度も言っていたのに、エスパーさんは絶対に発表しませんでした。なかなか前に進まないし、中国の調査もしない。国防長官のところでとまっていた可能性がありました。今回の大統領選挙のいろいろなことは、裏で中国政府が指示を出したのではないかと言われているのに、エスパーさんは動かない。それでトランプ大統領は腹を立てたのでしょう。今、大統領選挙で敏感な時期に国防長官を解任したのは、何か意味があると思います。裏で中国政府が動いているのではないかと分析している人もいます。

新しい国防長官を任命した後、中国は激しく反応しました。特に、南シナ海で軍艦とか戦闘機をふやしました。ミラーさんは特殊作戦とテロとの戦いで有名な方です。中国政府はミラーさんを恐れています。そして、第一の友人だったエスパーさんの力がなくなることが悲しいのです。

ポンペオ国務長官の発表

　ポンペオ国務長官は、11月9日、香港の中国共産党の高級幹部4人を制裁すると発表しました。それは中国新華社も怒りますよ。すぐに新華社のネット上で抗議する声明を発表しました。その4名の名前はまだ発表していませんが、あしたかあさってか、もうそろそろ発表すると思います。中国政府も外交部も、私たちはそんなことは認めないと反発して、声明を発表しました。

　11月11日、ポンペオさんはロイター等の取材で、「私たちは、合法的な投票1票1票、最後までしっかり数えます。そうすればトランプ大統領は必ず勝ちます。1月20日の午前中にはトランプ大統領の2期目が始まるでしょう。私たちはそのことに自信を持っています」と、はっきり答えました。それだけ不正な投票が多い、どの州にも不正がある、合法的な投票を数えればトランプ大統領が当選するということです。その後、中国政府からは何も反応がありません。トランプのこともバイデンのことも何も発表していません。

アメリカの新型コロナウイルス感染者の現状と見通し

　アメリカのマスコミ、ＣＮＢＣは、バイデンさんの顧問のマイケル・オスターホルムさんにインタビューをしました。オスターホルムさんはミネソタ大学の感染症研究政策センターの所長さんです。彼は「これから3カ月か4カ月（11月、12月、1月、2月）の間に、アメリカはもっと暗い時期を迎えるでしょう。少なくとも10万人が感染します。私たちアメリカ人は新型コロナウイルスの地獄に入ります」と言いました。また、同じ日のCNNの取材では、「今現在、アメリカの感染者は1000万人以上、死者は24万人です。これから先の何週間かで、少なくとも20万人の新型コロナ感染者がふえるでしょう」と答えています。

アメリカは本当に怖い状況です。特に今、全米50州でデモが起こっています。トランプ支持者とバイデン支持者が衝突して、戦争のような状態です。このようなデモでは、マスクしている人はわずかです。これを見たら、やっぱり感染者はふえるだろうなと思います。

中国の労働問題

中国は10月下旬、ことしの前半（1月から6月まで）の労働者統計について発表しました。それによると、中国の人口14億人のうち、労働者は9億人以上です。

上海、北京、深圳のような大都会では、平均月収が3000元から4000元（日本円で5万円から6万円）ぐらいです。5000元もらう人はなかなかいません。1000人中2人か3人ぐらいです。国家公務員の場合は、例えば学校の先生が退職すると、退職金は3000元とか4000元もらえます。中国の中では収入がいいほうですが、そういう人は少ないです。例えば、河南省鄭州市のスーパーとか道路の警備員の月収は、毎日立っているだけなのに、少なくとも3000元（4万5000円）ぐらいです。このような中間層の収入は結構いいです。

李克強首相は、5月に、6億の人民の月収は1000元以下だと発表しました。日本のお金で1万円とか1万5000円ぐらいです。学校の先生や国家公務員などの偉い人と上海、北京、杭州の都会の人を合わせると、8億人とか9億人ぐらいです。あとの2億の人は手元に1円もありません。農民たちの収入はゼロです。文字を書けない人は2億人ぐらいいます。それは多分、農民たちです。これが現在の中国の事実です。これを、きょう11月12日の朝、ネット上で発表しました。中国政府は、中国人民の平均月収は7819元と言っていますが、これは嘘だと反発して、事実を発表したのです。7819元といえば、日本のアルバイトの月収と変わらないです。政府の言うことは、みんな信用していません。

今現在、中国では全ての食べ物の値段が上がり、失業者がものすごくふえています。特に、ベトナム密入国者が百数十人ぐらい見つかっています。人民解放軍とか軍事会社の人の月給はふえましたが、国民は1円もふえていません。日本のマスコミでは、中国は今すごく景気がよくなっているという報道もありますが、全然違います。中国政府が発表したことは全部嘘です。中国の事実を知らない人は信じますが、中国人は誰も信じません。

中国社会科学院の蔡昉副院長は、大分前に、6億人の収入は1000元以下とはっきり言いました。これは国務院李克強首相の話で、事実です。間違いない。もし今、中国政府が雇用の問題を解決しなければ、これから大勢の人たちが生活できなくなります。大変な問題になりますよ。

この話は6月までの状況です。年末になったらまた変わると思います。

米中戦争・重大局面　米・緊急事態宣言
トランプ大統領、中国企業への投資合弁禁止
進出企業に撤退命令

2020年11月14日

アメリカの企業は1年以内に中国から撤退せよ

きょうは、アメリカのことで皆さんに報告します。

きのう、トランプ大統領は国際緊急経済権限法に基づく国家緊急事態を宣言し、通商法301条について発表しました。国の安全保障や将来の発展を考えて、中国のアメリカ企業、個人の企業ほか、関連のある企業に対して、これから中国に投資したり中国と合弁会社をつくることを全て禁止すると命令したのです。中国との経済的関係を全面的に切るということです。これについて中国政

府は何も言っていません。今は静かです。

　この中で、中国共産党の都合の悪い事実も発表しました。中国は今、大量破壊兵器の研究を進め、あちこちに配備しています。もちろん通常兵器も世界で一、二を争っています。アメリカに対しては、ものすごく悪質なサイバー攻撃を仕掛けています。アメリカ本国及び海外にあるアメリカの軍事基地を直接攻撃したり、大きな脅威になっています。ほとんどのサイバー攻撃の土台が人民解放軍の中にあります。中国は40年間の経済発展の中で、大量殺傷兵器を配備するまでになりました。アメリカ人に対するネット上の通信設備への攻撃は今も続いています。

　中国や海外にあるアメリカ企業は、中国共産党に軍事情報を盗まれています。アメリカにとっては、ものすごい脅威です。中国の軍事企業は、名前は民間企業ですが、詳しく調べたら、ほとんどが中国人民解放軍の幹部の企業です。中国の軍民連合企業は中国共産党の国家戦略です。軍と民が一体化しているのです。そんな企業が少なくとも110社ぐらいあります。このようなことをトランプ大統領は発表しました。

　これらの中国企業は、アメリカ国内では名前だけで、会社の実体は何もありません。それで平気で証券を売ったり株を売ったりしています。詐欺と一緒です。アメリカのお金が集まるようにロビー活動をしているのです。アメリカ人は最初は民間会社だと思って信用しますが、詳しく調べたら、99％が人民解放軍の会社です。投資と称して、結局は中国の軍事企業にお金が流れているのです。

　トランプ大統領は、「我々のお金が中国の軍事発展のために使われている。このようなことは絶対に許さない」と言っています。アメリカを守るために、海外のアメリカ企業、そして中国との合弁会社は、来年の1月11日のアメリカ時間午前9時30分から365日以内に撤退しなければならないと発表しました。多分、今から会社は動き出すでしょう。トランプ大統領は、これから中国共産党と徹底的に縁を切ることにしたのです。

このことは、きのう、アメリカにいるたくさんの中国人の学者がネット上で発表しました。日本の企業にもこれから大変な影響を与えます。特にトヨタ。中国のアメリカ企業1000社ぐらいが中国から離れて自分の国に戻ったり、ほかの国に行くと言っています。トヨタも考えないとダメですね。中国とつながっている日本企業は、アメリカと経済的な取引ができなくなる可能性がありま す。中国の日系企業は3万社くらいあります。早く中国から出ないとやられますよ。日本でも報道すると思いますが、これは大ニュースです。

たくさんの州が法律違反をしている

11月12日、アメリカ連邦選挙管理委員会（FEC）のトレイナー委員長は爆弾声明を発表しました。「各州の選挙の状況を見ると、たくさんの州が法律違反をしている」と言ったのです。「詐欺選挙とか偽装選挙、トランプ大統領の名前がバイデン氏に変わったり、今回の選挙は連邦法にも州法にも違反している。このような選挙は無効になるだろう。特に、民主党を支援する州では、共和党の監視員が選挙事務所に入れない。これは連邦選挙法に違反している。今までで一番大がかりな詐欺選挙だ。オバマが勝った選挙のときよりも、今回のほうがひどい。選挙は無効になる確率が高いだろう」。トレイナー委員長はこのような声明を発表しました。

アメリカの大手マスコミは、これに対してほとんど報道していません。でも、連邦選挙管理委員会が警告したのですから、バイデンさんの立場は結構弱くなったと思います。トレイナー委員長がこの選挙は法律違反だと発表したので、今回の選挙は無効になるか、それとももう一回選挙をするかのどちらかになるでしょう。

アメリカの保守派のマスコミ、OAN（One America News Network）だけがこのことを発表しました。ほかの大手マスコミは中国共産党にスパイされているから、これらの事実を発表する勇気がないのです。日本の大手マスコミと同じです。私は朝、この映像を見ました。周りに三十数人の弁護士さんがいて、トレイナー委員長は真ん中に座って、大きな声で声明を発表していました。

中国共産党の3つの犯罪

今現在、アメリカで一番有名な弁護士はリン・ウッドさんです。2009年ごろには賞ももらっていて、今はトランプ大統領陣営に入っています。きのう、リン・ウッドさんは中国共産党の3つの犯罪をツイッターに書きました。

１つ目。中国共産党は20年から30年の間、アメリカの全てのマスコミや各州の国家公務員にお金を渡して、イデオロギーを植えつけ、アメリカを占領しました。特に、ウォール街のお金持ちなど、まずは上流社会から侵入し、次に政治家とか会社の社長に手を伸ばしていきました。

２つ目。２０２０年のアメリカ大統領選挙で一番先に選挙の裏操作をしたのは、中国共産党のスパイです。多分ことしの4月か5月ごろ、アメリカ人が何も考えていないうちから詐欺工作に入っています。特に、中国製の投票機械システムをあちこちの州にプレゼントしたのです。やっぱり皆さん、新しいシステムをプレゼントされたらうれしいでしょう。

３つ目。生物兵器、つまり、武漢肺炎ウイルスのことです。

生物兵器から投票機械まで、全て中国からアメリカを攻撃しています。リン・ウッドさんは、たくさんの事実を発表しました。私もそれについて2ページにわたって書いています。

中国はアメリカの選挙を妨害するために、コンピューターとか郵便投票用紙を操作しました。郵便投票用紙は中国でたくさん印刷されています。中共はアメリカの合法的な大統領選挙を次から次へと妨害しています。それはトランプ大統領が当選しないようにするためです。

また、アメリカ国民の免疫力を低下させるために、偽造マスクを大量にアメリカに持ち込みました。あんなマスクは何も効果がありません。何百万人ものアメリカ人が無意味なマスクを使っています。そのためにアメリカ国民は何十万人も殺されました。リン・ウッドさんは、次は中国の武漢肺炎のことをお話しすると思います。「我々アメリカ国民は、受けた悲しみを絶対忘れません」と書いています。

リン・ウッドさんは、バイデンさん、ヒラリーさん、クリントンさん、オバマさん、あとはアメリカの大手マスコミを法律で制裁して、必ず刑務所に入れると言いました。有名な弁護士でこのことを発表したのは、リン・ウッドさんが初めてです。彼は「我々はトランプ大統領を支援する。これから裁判も始まる。中国との縁は徹底的に切る」と、大きなことをいっぱい発表しました。これから日本も報道すると思います。

中国・全ての国境を封鎖　台湾は中国の一部ではない
米国務長官が明言　中国猛反発

2020年11月15日

台湾は今まで中国の領土だったことはない

きょうは、アメリカのこと、中国のことを皆さんに紹介します。

11月12日、アメリカのマスコミは、ポンペオさんに中国のいろいろな問題と台湾関係についてインタビューをしました。その中で、ポンペオさんは「台湾は今まで中国の領土であったことはありません」と、はっきり言いました。台湾の人はメチャクチャ喜びましたが、中国外交部はものすごく怒りました。ポンペオさんは「35年前のレーガン大統領の時代から、民主党と共和党はずっと『台湾は中華人民共和国の領土ではない』という政策をとっています。アメリカは昔から台湾を守る義務があるので、今まで武器を売ってきた」と言いました。

中華人民共和国は「1つの中国」とずっと言ってきたのに、ポンペオさんが「台湾は中国領土でありません」とはっきりと発表したので、全世界は大騒ぎになりました。台湾の人たちは、やっとポンペオさんが事実を発表したので、喜びのコメントでいっぱいです。台湾のYouTubeもマスコミも報道しました。アメリカの中国系インターネットや新聞もたくさん報道しました。今までアメリカが曖昧にしてきたことを今回初めて発表したのです。

トランプ大統領が落選してバイデンさんが当選したら、バイデンさんは台湾を売る確率が高いです。だから、はっきり言わないとダメです。ポンペオさんは、はっきり言いました。バイデンさんの当選に対して、外交部と習近平のお祝いの言葉は何もなかったのに、ポンペオさんの発表にはすぐに反応し、中国外交部の汪文斌さんはすごく怒りました。「中米関係を破壊した」と言っています。台湾と中国の安定は寸断され、前は仲がよかった中米両国もだんだん遠ざかる、これから関係が戻ることはないだろうと、反発しました。

普通は「なぜ台湾が中国領土ではないのか」と問いただすところですが、中国政府はそれをしないで「中米関係は破壊された」とだけ言いました。実は、中国政府は昔から台湾が中華人民共和国と一切関係ないことはわかっています。にもかかわらず、台湾を自分のものにしたいのです。

現在は外交部の発表で怒る以外は何も動きはありませんが、習近平が総書記に就任したときは「台湾は我々の同胞です」と言いました。同じ民族だということです。台湾の原住民は怒り、13の少数民族の代表は抗議する文書を発表しました。「我々は1万年前からずっと台湾島に住んでいた。台湾は中国の国民ではない」と。習近平は反発しませんでした。台湾の人たちは、誰もこんなことは認めません。

その事実を発表したのは、ポンペオさんが初めてです。バイデンさんはずっと曖昧にしてきました。ポンペオさんがはっきり言ったので、もし中国が台湾を攻めたら、アメリカは絶対に許しません。国務長官の発言なので、本当に大きいです。台湾の人たち、台湾の社会、あちこちのマスコミとかYouTubeで、きのうからこの話を一生懸命報道中です。

本当にうれしいです。やっぱりはっきり言わないとダメですよ。この発言は、アメリカが台湾を守る義務があることをはっきり示しました。レーガン大統領時代にも義務はありました。台湾を守るために、台湾に武器をずっと売ってきました。それが習近平政府には不愉快なのです。

中国からの資金が間接的にバイデン陣営に入っている

ニューヨークタイムズの元記者で、香港の政治評論家のテイさんの話によると、バイデンさんの裏の力はものすごいです。まずはアメリカの財閥、ウォール街、そして、アメリカの有名銀行、投資銀行、証券会社、会計事務所、弁護士たちがバイデンさんを応援しています。バイデンさんを応援する弁護士はたくさんいます。アメリカの芸能界、ハリウッドもそうです。ディズニー、NBA、大手のマスコミ、シリコンバレー、科学研究をする開発会社、中国でいろいろな物を売る会社、あとは、お金持ち。これらは全て裏で中国共産党とつき合いがあります。中国共産党のスパイから指示があれば、すぐにバイデンさんを応援します。これらの会社は民主党を支持しています。

バイデンさんの選挙用の支援金は、これら金持ちからのもので、4億6600万ドル（460億円）ぐらいです。トランプ大統領の支援金は1億4000万ドル（140億円）ぐらいです。アメリカのお金持ちは、ほとんどがバイデンさんを応援します。トランプを応援するのは、ほとんどが普通の国民、お金持ちでも貧乏でもない中間層です。お金持ちがバイデンさんを応援するのは、裏で中国共産党のスパイが動いているからです。これらの財閥は、ほとんど中国との貿易があります。大手のマスコミは、裏でこれらの財閥が応援しています。だからマスコミや財閥はトランプ大統領の選挙を妨害するのです。中国からの選挙資金が間接的にバイデン陣営に入ってくるので、トランプ大統領は本当に大変です。

おととい、トランプ大統領がアメリカ非常事態宣言を発表しました。それについて、阿波羅ネットは結構長い文章を出しました。

新型コロナ感染者の増加で、国境が封鎖された

次は中国国内のことです。きのう、移民局は4つの大きな指示を急に発表しました。今現在、武漢肺炎の流行は厳しい状態で、感染者がまたあちこちで出てきています。第2波か第3波か、今のウイルスはものすごく強くて、すぐ人にうつります。

まず、中国の国境線、例えばベトナムとの国境線とか、海外に行くための46ぐらいの道路を封鎖しました。雲南省あたりでは、ミャンマーとかベトナムに出入りできないように、小さい道路を66ぐらい封鎖しました。国境線の警察も増員しました。今は年末で、もうそろそろお正月だから、ますます厳しくなります。

ただ、荷物だけは通過できます。人間は、特別な理由があって、住んでいる市とか町の証明書があれば通過できますが、それ以外は通過できません。事実上、国境を閉鎖して人の往来をとめたわけです。いつまでとめるかは報道していません。普通の人でも海外に行くのは禁止です。ビザも全部停止します。もちろん外国人が入るのも禁止です。これが2番目に書かれています。

会社の車も個人の車も、車名や人の名前、どこの車とか、全部チェックして厳しい検査をします。車も自由に行ったり来たりできなくなる。これが3番目です。

最後に、不法密入国者に対しては前より厳しくなりました。以前は捕まえても1週間か2週間で刑務所から出していましたが、今回は1年か2年ぐらいで、入る人も出る人も全部厳しく処罰します。

ことしに入って、ミャンマー、タイ、ベトナムなどから中国への密入国事件は700件ぐらいあり、5000人ぐらいが捕まったことも発表しました。国境線では警察を2倍、3倍にふやし、厳しく検査するように指示をしました。不法に人が入らないように、国境をしっかり固めています。

密入国が起こるのは、ほとんどが中国の南の国境線です。北のほうはほとんどありません。ロシアとの国境線は今、零下30度で周りは氷とか雪ばかりなので、うっかりすると凍死してしまいます。固めているのは、広東省とか広西省、あとは雲南省あたりの南の国境線です。

中国政府は、これらのことをきのう急に発表しました。中国の中で相当急激に武漢肺炎が広まっています。上海、武漢、深圳にも感染者が出ました。上海浦東国際空港は今どうなっているか。どのぐらいふえたか。中国政府は詳しいことはまだ報道していません。外国との行き来を禁止しないと、もう一回ことしの2月のようになってしまいます。これからまたいろいろな情報が出てくると思います。

米軍がドイツにあった選挙サーバーを押収
トランプ陣営、米大統領不正選挙の決定的な証拠を入手
中国がインド軍にマイクロ波兵器を使用

2020年11月17日

アメリカ軍がドイツで不正選挙の決定的な証拠をつかんだ

きょうは、アメリカ大統領選挙のこと、インドのこと、あとは中国の船のことを皆さんに紹介します。

今現在、アメリカ大統領選挙は各州で不正選挙が起こっています。投票用紙を偽造したり、改ざんしたり、特にトランプ大統領の票をバイデンさんに書きかえたりしました。

もっと恐ろしいことがあります。13日に、ルイ・ゴーマート下院議員がニュースマックスのインタビューに答えました。それによると、ドイツ駐在のアメリカ軍がドイツのフランクフルトのソフトウェア会社を捜索し、サーバーを没収したとのことです。これはバイデンさんを応援するグループの不正選挙の直接の証拠です。その会社は昔からバイデンさんのチームと連絡を取り合っていて、多くの電子コンピューターや通信設備を裏で操作しました。

トランプ大統領の弁護士、ジュリアーニさんも投票用紙が海外に送られたと言っています。信じられない話です。今度の不正選挙に関係しているのは、中国だけではありません。ベネズエラなど、中国共産党（CCP）と同盟関係にある国の会社も巻き込んでいます。ベネズエラとアメリカは仲が悪く、対立しています。ベネズエラは独裁国なので、中国と同盟するのです。本当に驚きました。こんな話は今までに聞いたことがありません。アメリカにとって重大な国家安全問題です。今度の裁判において、これがとても大事な証拠になるでしょう。

ベネズエラと中国がアメリカに投票機械を提供して、不正に操作したデータがドイツにあった。それをアメリカの陸軍が押収した。ものすごい証拠が手に入ったのです。バイデンさんの名前に偽造されたものも押さえました。ドイツの会社はそれを中国とベネズエラの同盟会社に持っていきました。これをジュリアーニさんが発表したので、全国のアメリカ人がびっくりしました。

このことは、FOXニュースの有名なカイル・ベッカーさんもツイッターで発表しました。カイル・ベッカーさんは、セキュリティーの専門家であるラムズフェルドさんの話で、アメリカ大統領選挙の1カ月前か2カ月前に調査を始めて、たくさんの州の票が改ざんされたことを発見しました。それはとてもおかしいですね。テキサス州と、ほか28州の選挙データがドイツのフランクフルトのサーバーに流れました。そのサーバーはスペインのバルセロナの企業と関係があります。その会社は今現在のバイデンとトランプの投票数がわかっています。その会社がアメリカ大統領選挙を支配しています。そのことも発表しました。

スペインのバルセロナにその会社の本社があって、そこからアメリカの投票をいろいろと動かしていた。そのサーバーがドイツにあって、そのデータを米軍が押さえた。中国とかドイツの左翼の会社、スペインも巻き込んでいたことを発表したので、本当にびっくりしました。

アメリカの選挙は、いろんな海外の会社、特に中国、ベネズエラあたりが関係しています。中国政府は選挙前の4月か5月ごろから裏で手配していました。海外の左翼の会社が多いです。アメリカのトランプ大統領をおろすために、中国政府は一生懸命裏で動いていたのです。驚きましたね。投票システムを中国が動かして改ざんしていた。その証拠がはっきり出てくるかもしれません。

トランプ大統領は今、多くの真相を握っています。今週から次から次にある裁判で、真相をまた皆さんに公表すると思います。17年前ぐらいに中国が裏で動いて、少なくとも28州ぐらいで新しい投票機に変えました。中国政府は1年前からトランプ大統領をおろすために準備しています。そのことをアメリカの各新聞やFOXニュースなど、いろいろなところが発表しました。中国人のたくさんのマスコミも報道しました。真相はやっと皆さんがわかることになりました。大きな証拠が出てきましたね。

今度の選挙はクーデター直前でした。アメリカ陸軍がドイツの会社に入って、データと機械を全部押さえました。普通ならばCIAでしょう。CIAは内部に中国スパイが入っていて信用できないから、陸軍を派遣したのです。トランプ大統領の選挙をひっくり返すために、こんなにたくさんの国がかかわっていたのです。本当に大変なことです。

中国は昔からマイクロ波兵器を使っていた

次に、インドのことを皆さんに紹介します。ことし5月から現在まで、中国とインドの国境線で小規模な戦闘が頻発しています。おととい11月15日の報道で、中国人民大学国際関係学院の副院長、金さんの話がありました。この話は意図的ではなく、不注意で出てきたものです。それは海外のたくさんのメディアに報道されました。インドのメディアもそれを報道しています。

インドの軍隊には1500人ぐらいのチベットの特殊部隊があって、国境線にあるバンゴンの近くの2つの小さな山を守るために配置されました。中国はその2つの山を手に入れたいのですが、インド軍は強く、戦ったら必ず負けます。それで中国軍はマイクロ波兵器を山の下に置きました。インドの軍隊はそれを知りません。インド軍がその山に着いた10分の間に、多くの人が頭が痛くなったり、吐いたり、立てなくなりました。15分以内に全員がおかしくなり、多くの軍隊がそこから逃げました。

中国の国防副部長の金さんは、軍隊の講演会で、マイクロ波を使ったことをにおわせました。はっきり言ったわけではなく、不注意で、「この武器を使わないと、我々はこの2つの山はとれない」と言ったのです。本当に恐ろしいです。マイクロ波は携帯電話にも使われている電磁波です。それを電磁波兵器として使ったのです。

実は、大分前の２０１６年から２０１８年の間に、アメリカのキューバ駐在大使館と中国の広東省駐在大使館の職員たちは、耳が聞こえなくなったり、頭がフラフラしたり、吐いたりといった、インド軍と同じ症状を訴えています。アメリカに戻って2年ぐらいたっても、まだ障害が残っています。治るのに何年かかるかわかりません。

多分、中国政府は昔からマイクロ波兵器を使っています。今現在わかっているのは、インドとの国境線で使われたこと、そして、２０１６年と２０１８年の間に中国駐在のアメリカ大使館で使われたことです。そのことを日本と海外のたくさんのマスコミが報道しました。インドと中国が国境線で戦争を起こしたら、そのようなマイクロ波兵器を使う確率は高いです。今は寒くて動けませんが、次に何をするかわかりません。本当に中国は危ないです。

中国の商船がギニア湾で海賊に襲われた

上海の商船、振華7号が11月13日、アフリカのギニア湾で海賊に襲われました。荷物を奪われ、船員27名のうち、14名が行方不明になっています。彼らは人質になる確率が高いです。現場からすぐにイタリア海軍に連絡して、イタリア海軍陸戦部隊が急行しました。足に銃弾が当たった人が数人いた。中で激しい戦闘があったようです。血を流している人をすぐにヘリコプターで近くの病院へ連れていって手当てをしました。

イタリア海軍はネット上で、「11月14日金曜日、14時55分現在、14名の船員たちは行方不明のままである」と発表しました。中国政府は2017年に東アフリカのギニアに海軍基地をつくりました。ことしだけで、物を取ったり、人を殺したり、海賊による事件が21件ありました。ものすごく危ないところです。でも、中国政府は何も発表しません。これは朝の阿波羅ネットの報道です。

ポンペオ国務長官欧州に対中大団結を呼びかけ 金正恩がバイデンを痛烈批判〝痴呆末期の犬〟

2020年11月19日

台湾の親中テレビ局を閉鎖

きょうは、台湾のこと、北朝鮮のこと、アメリカと中国のことを皆さんに紹介します。

まず、台湾で一番大きな親中国の放送局、中天テレビ局が閉鎖されることが、18日、台湾の国家通信放送委員会で決まりました。中天テレビ局は昔から、内部に中国のスパイがいるとか、中国からカネをもらったとかで、とにかく中国政府の指示のもとで報道していました。今もほとんどが中国共産党の指示による放送で、台湾の人たちの本当の声は放送しません。それは台湾のテレビ放送局の法律に違反しています。

中国政府は馬英九を支持しています。馬英九は親中派だから、台湾としては、できるだけ馬英九の言葉を減らしたいのです。前の国民党のときに、二・二八事件という大虐殺事件がありました。中天テレビ局は、このようなことはできるだけ少なく報道します。多くは報道しません。馬英九のことは、こんなにすばらしい、あんなにすばらしいと、しょうもない報道をします。このような放送を本島の台湾人は聞きたくないですよ。中天テレビ局の放送許可は、多分ことしの12月までには中止されます。

きのうの記者会見で、台湾の通信放送委員会の議長、シンさんの話がありました。中天テレビ局は、2014年ころから現在までに、衛星放送テレビの法律違反が25件ありました。今までに科された罰金は、合わせて1153万台湾ドルです。中天テレビ局は、ニュースの制作から放送まで全て経営者がそばにいて、これがダメとか、あれがダメとか、全部チェックされます。中国のスパイが裏で支配しているのです。中国政府を宣伝するのと同じです。このようなテレビは台湾の人たちは見たくないですよ。

通信放送委員会のシンさんは、もう許可はしない、ことしで終わりますと言いました。こんな放送をするのはおかしいと、台湾の人たちもわかっています。台湾にはたくさんのアメリカ人が住んでいて、アメリカから裏で要請もあったようです。

金正恩のバイデン批判

北朝鮮の金正恩は、アメリカ大統領選挙の論評を発表しました。すごいですよ。世界で一番きつい言葉です。金正恩は今までアメリカ大統領選挙について、中国の習近平やロシアのプーチン大統領と同様、ほとんど何も言っていません。それが急に、バイデンさんをものすごい言葉で罵り始めたので、私はびっくりしました。

「バイデンは死ぬ前の犬だから、急に何をするかわからないし、人間を咬むかもしれない。トランプ大統領は早く棒を持って、この犬を死ぬまで叩け。そうしないと、あなたは危ない。おまえは政治家の人格もないし、上品な人間ではない。普通の人間の人格さえもない。おまえは死ぬ前の気が短い精神病患者みたいな犬だ。だから死ぬ前に北朝鮮を攻めるような言葉をたくさん言ったのだろう」と言うのです。バイデンさんは朝鮮を責めるような発言をたびたびしていたので、金正恩はものすごく不愉快で、それで「バイデン」とは言わずに、全部「犬、犬」と言ったのです。

犬は結構ずる賢い。2011年、米国はビンラディンのときの作戦で、この犬（バイデン）はビンラディンをイランに連れていって、イランで生活させた。アメリカを裏切ったのだ。この1つの証拠がアメリカにある。オバマとこの犬は国を裏切った。この犬は政治的野心がものすごくある。おまえは末期の痴呆症になって、主人（オバマ）の名前さえよく忘れるのに、まだ政治家にしがみついて大統領になろうとする。恥ずかしくないのか。

おまえが行くところは地獄だ。早く地獄に行ったほうがいい。おまえは脳みそがないから、知能がとても低い。死ぬ前の犬が1日生き延びたら、それだけたくさんの人を傷つける。だから、トランプ大統領よ、早く棒を持って、死ぬまでこの犬を叩け。そうすればアメリカはよくなる。

おまえは天の高さを知らないし、地の厚さも知らない。おまえが北朝鮮を攻めるのは絶対許さない。死ぬ前の犬は最後に何をするかわからない。だから早くおまえの墓に行け。おまえは朝鮮に対して何回も汚い言葉で罵った。だから必ず罰する。

本当にびっくりしました。文章はものすごく長いですが、ほとんどがバイデンさんを非難する言葉です。末期の痴呆症というのは、要は早く死ねという意味です。結構メチャクチャな言葉です。金正恩は20日間以上、公の場に姿をあらわしませんでした。それが急にこのようなきつい言葉で発表したので、海外の多くの中国系マスコミがネット上で報道しました。金正恩がバイデンさんをあんなに嫌っていたとは知らなかったです。彼はよっぽどトランプ大統領が好きみたいですね。

この論評は文章もおもしろいし、言葉遣いもものすごいです。朝鮮の昔の言葉をいろいろ引用していますが、これは珍しいことです。今までこのようなきつい言葉を発表したことはありません。

新華社は、バイデンを支持すると少しだけ報道しましたが、その後は習近平の口から一言も出てきません。プーチン大統領も何も言いません。選挙の結果が出るのを、じっと見ているのです。

ポンペオ国務長官、ヨーロッパに中国への対抗を呼びかける

ポンペオさんは、今フランスを訪問中です。フランスのフィガロ紙のインタビューで、中国のことをいろいろ話しています。ポンペオさんは「ヨーロッパの同盟国の皆さん、我々アメリカと団結して一緒に中国共産党政府に対抗しましょう。もし何もしなかったら、ある日突然、我々が中国独裁政府の植民地になる確率は高いです。中国はアメリカとヨーロッパとの関係が良好だと言われていますが、実は良好ではありません。皆さん、考えてみてください。中国は武漢ウイルスの発生源です。全世界に孔子学院をつくり、各国にスパイを潜入させています。中国に対抗しないと自分の国が危ないです」と言いました。

結構長い文章ですが、時間があればぜひ読んでみてください。15日か16日のフィガロ紙が報道しています。

国民部隊はトランプを支持している

アメリカには昔から国民部隊という民兵組織があって、全米で何万人もの人が所属しています。

大体は退役した軍人とか警察、あとは現地の国民です。政府は一切関係ない、民間でつくった組織です。創立者はテキサス州の共和党議員のロードスさんという人です。彼はイエール大学を卒業しました。

先週の土曜日、アメリカ50州でトランプ大統領を支持する大規模なパレードがありました。ワシントンにも50万人ぐらい集まりました。国民部隊の人たちも各州からたくさん参加しました。彼らは皆、トランプ大統領を応援しています。

アメリカのインデペンデント紙は独立しているほうだと言われています。おととい、インデペンデント紙は「2021年1月20日にバイデン氏が就任したら、アメリカ国民3億人のうち半分以上の人たちは絶対許さないだろう。我々もバイデン氏が大統領になることを拒否する。結果は来年1月にわかるだろう。彼をおろすまで我々は戦う。来週から裁判が始まるが、アメリカ人の半分は、バイデン氏の大統領就任は違法だとして認めていない。国を裏切ったバイデン氏がもし当選したら、アメリカはおかしくなるだろう。それは絶対に許さない」と発表しました。これがけさの阿波羅ネットのトップ記事です。

中国で再び武漢肺炎が拡大

中国の天津市の臨海地区の住宅街で、無症状の武漢肺炎感染者が2人見つかりました。もう1人、港で働く40歳の男性が感染したと確認されました。上海も港、天津も港です。きのうの夜中の映像で、住宅街が封鎖され、少なくとも9台、10台ぐらいの大きなバスが次から次に来て住民たちをバスに乗せました。どこか1カ所に集めて、一人一人検査するのです。現在、感染者は3人見つかっています。これは阿波羅ネットの朝の報道です。

報道にはコメントがたくさんついていました。「我々が何も知らないうちに、急に3名の感染者が出た」「中国政府は詳しいデータを一切発表しない」と。急に出てきたのはおかしいですよ。3人という数字もおかしいです。本当はもっと多いのでしょう。

急に3人出てきて、上海浦東国際空港も港、今回もまた港の労働者というのは、本当におかしいです。これから中国政府は港を封鎖する確率が高いです。武漢ウイルスは中国から出たのではなく、海外の人が持ち込んだと言いたいのです。豚肉とか魚は海外から来ています。

政府が発表したことは誰も信用しません。症状が確認されたのは1名で、あと2名は無症状です。それなのに、なぜ全部封鎖しないといけないのかと、皆さん、いろいろな疑問がありました。何でも急に出てきたらおかしいですよ。中国政府が何をするのか本当にわからない。このようなコメントがたくさんありました。私もびっくりしました。やはり海外の責任にしたいのでしょう。海外の誰とか、海外のどんな荷物とか、食べ物の場合は魚とか豚肉とかは全部海外の責任で、中国人の責任はないと言いたいのです。それを朝6時ごろ発表しました。私も映像を見てびっくりしました。

実際、中国の中で感染者がふえてきています。南から北まで、あちこちで出てきました。今は最も人に伝染しやすい時期です。ロシアもシベリアあたりで感染者が出ました。それは以前の武漢肺炎のウイルスとは違う変異ウイルスです。中国政府は、海外からの荷物や食べ物、冷凍食品からウイルスが見つかったと報道しました。事実は今まで全然報道していません。ほとんど隠されていま す。

アメリカ国防省がインド・南シナ海に新艦隊創設計画
蔡英文総統・正式に訪米へ
奴隷化進むチベット

2020年11月20日

米国海軍、第一艦隊をインド・西太平洋に創設計画

きょうは、アメリカの選挙のことと、中国のことなどを皆さんに紹介します。

まず、きのうも海外のたくさんのマスコミが、米国海軍長官の話を報道しました。

彼は何カ月も前に、インドと西太平洋あたりにアメリカ軍の第一艦隊を新しくつくりますと発表しました。今現在、中国の軍備はますます強化しています。アメリカは中国を抑えるために第一艦

隊をつくる必要があります。

今現在、中国政府は、コンピューターのチップを作る能力がありません。コンピューターのチップがなかったら何もできない。台湾のチップは世界で1～2番目です。今回、アメリカ国内で台湾のチップの会社をつくります。中国はとてもチップが欲しいのです。台湾のチップは有名だから、台湾を攻撃して資源を取るのが中国政府の戦略です。台湾の周りの島とか、有名な軍事基地とかたくさんのレーダーが中国は欲しいのです。

台湾攻撃はだんだん具体化して、先週1日だけで中国の戦闘機は4回も5回も台湾領空に侵入する騒ぎを起こしました。こういうことがますます多くなりました。

台湾・蔡英文総統の正式訪米決定

今現在、アメリカと台湾の貿易は、以前より大分増加しました。

アメリカの上下両院のたくさんの議員が、蔡英文総統をアメリカに呼ぶことにサインしました。日にちは未定で、多分大統領選挙が終わった後だと思います。蔡英文総統はアメリカ訪問を正式に決めました。これは台湾の東森新聞の発表です。これからアメリカと台湾の貿易とか、軍事協力がもっと多くなります。

パウエル弁護士、トランプ大統領の当選間違いなしと発言

次に、同じアメリカのことで、トランプ大統領の当選は間違いありません。

火曜日にあった大統領選挙についての討論会で、トランプ大統領の一番有名な女性弁護士、シドニー・パウエルさんは、「再集計の結果、トランプ大統領の現在の得票数はものすごくふえました。少なくとも8000万票取って、バイデンさんより大分勝ちました。これでトランプ大統領が当選することは間違いないです。バイデンさんのチームの選挙詐欺、改ざん、その大々的な腐敗の行為は、アメリカの歴史上になかったことです。この腐敗は絶対に許しません。アメリカの法律に違反したこれらの人を、来週から次から次に逮捕します」と発表しました。

この討論会では、皆さんがいろいろな意見を発表しました。来週から本当に逮捕を始めると思います。大統領選挙は、現在のこともそろそろ終わります。トランプ大統領は間違いなく当選します。不正選挙の内容も、いろんな証拠が出て明らかになります。各州は次から次にトランプ大統領の得票数を直したり、追加の投票をします。真相はこれから出てきます。

米国民のアンケート結果、60％が中国共産党は敵と答える

19日の阿波羅ネットは、15日から16日の間のアメリカのあるレポートについて報道しました。このレポートは、地方の新聞かアメリカの有名な新聞か、今現在はわからないです。

7月下旬から、1000名以上のアメリカ人に対して、中国は我々の敵か、お友達かというアンケート調査をしました。「中国共産党は敵だと思うか」という問いに対して、60％以上の人は賛成、約30％は反対ということでした。

「中国武漢肺炎は全世界に蔓延しました。このような罪はどの国がつくったか」という問いに対しては、相変わらず60％以上のアメリカ人は中国共産党と答え、10％ぐらいはわからないと答えています。

中国政府、チベット人に軍事訓練、強制労働させる

最後に、中国のチベットのことを皆さんに紹介します。最近、チベットの報道はあまりありませんでしたが、19日の阿波羅ネットの報道です。

現在、習近平政府は、たくさんの若いチベット人たちを集めて、無理やり軍事訓練をさせたり、

重労働させたりしています。

中国政府が発表したチベットの1カ月の収入は、2015年から現在まで1499人民元です。この間、李克強首相は、中国では6億人が月収1000元(日本円で1万5000円)ぐらいだと発表しました。6億人の中にチベットが入っているか入っていないかわからないです。チベット人の収入が1499元ということはないと思います。中国政府の宣伝は信用できません。嘘です。今現在、ほとんどのチベット人は生活がものすごく貧しくて、そんなたくさんの収入はないです。誰も信用しない。

中国チベット自治区のトップ、共産党の書記陳全国は本当に残酷な人です。チベット人や新疆ウイグル族の人に対して残忍です。たくさんのチベット人を収容所みたいなところに入れて、教育して、軍事訓練して、仕事があるほかのところに連れていって、そこで重労働させます。チベットあたりで軍事道路とか鉄道をつくるときに、これらのチベット人に重労働させます。農業はさせない。軍事建設をさせる。この人は本当に悪い人です。

新疆ウイグル族の人たちと同じように強制労働させています。特に2020年10月16日に、人民解放軍のたくさんの戦車がチベットのラサに入りました。ラサの周辺の道路は悪いので、たくさんのチベット人が自分のふるさとを離れて、道路建設の重労働に連れていかれました

チベット人の教育も同じです。今、チベット自治区の共産党政府がネット上で公開しています。チベット人に対して特別に技術の訓練とか軍事訓練、言葉の教育、チベット語と中国語の政治方面

の教育を行い、全部漢民族化しています。ほとんど中国語の教育が多いです。何の技術訓練か、軍事訓練かは発表しない。

あとは、チベットのそれぞれの家とか、販売店とか、お寺はみんな、毛沢東、江沢民、鄧小平、習近平、胡錦涛の5人の肖像画をかけました。この5人は漢民族の偉い人です。ダライ・ラマさんの像をかけたら絶対に許しません。逮捕します。

現在のチベットには、このような事実があります。チベットのたくさんの遊牧民には仕事がありません。仕事がない人には、道路修理とか重労働をさせます。本当にかわいそうです。チベットの人は相変わらず貧乏で、生活は本当に大変です。

米大統領選不正・新事実
ドミニオン製機械　投開票データを独とスペインに送信
北京で住民と警察が対峙

2020年11月21日

大統領選挙で、ドミニオン社は28州の投票データをドイツとスペインに送った

まず、アメリカの大統領選挙のことと、アメリカの中国人留学生の銃の犯罪のことを皆さんに紹介します。

18日にアメリカのFOXニュースは、ジュリアーニ弁護士のインタビューを発表しました。ジュリアーニさんは、今現在、アメリカの少なくとも28州の投票データがドイツとスペインに送られていると話しました。今までにないことです。

今回の投票システムに使われたドミニオン社は実はカナダの会社ですが、データはカナダに送らないで、おかしいことにドイツとスペインに送りました。普通だったらカナダに送るのに、なぜドイツとスペインに送ったのか。

2005年、ベネズエラは、選挙にこの会社の機械やソフトウェアを使いました。ベネズエラは独裁国家です。ベネズエラで何年も続く独裁者は、選挙でずっと当選しています。また、アルゼンチンとかチリなどが、このソフトウェアを使いました。カナダの会社ですが左翼の国が使っていて、安全性がとても心配です。裏で操作して、改ざんしているとジュリアーニさんが発表しました。

テキサス州の警察当局によると、このソフトウェアのセキュリティ基準に問題があるという話で、2013年ごろ、2019年まで、使用禁止になりました。

でも、アメリカからこのようなデータをドイツやスペインに送りました。本当に犯罪です。28州のこのような不正の投票詐欺の詳しい情報は、ドイツの会社が提供しました。

アメリカの歴史上、今までにないことです。民主党は中国に裏で操作され、また独裁者と組んでいる今度の選挙は、本当に政治クーデターです。怖いです。選挙は終わっていません。まだ続きます。

ペンシルベニア州の裁判所で、2349枚の投票が無効になる

ペンシルベニア州の裁判所で、アレゲニー郡の2349枚の投票が無効になりました。不在投票の日にちが何も書いていない。これは多分ニセの投票だと思います。人が住んでいないから、日にちが何も書いていないのです。結構多いですね。

こちらの選挙委員会の最初の地方裁判所から、州の最高裁判所で無効になりました。詐欺選挙が本当に多いです。日にちが何も書いていないし、人の名前を書いていない投票もあります。死んだか、ほかの州に移動してこの州に住んでいない人も投票します。本当におかしい。メチャクチャです。

最後に裁判で無効になりました。19日の発表でした。

ニューヨークの中国人留学生、自宅に33丁の銃と弾薬を所持

ニューヨークの24歳の中国人留学生は、ことしの5月27日に、自分の家の水道が漏れたか何かの

問題があって、すぐ水道屋さんを呼びました。水道屋さんが来たら、この人のマンションの部屋に拳銃とか、小銃とか、弾薬がたくさん見つかりました。

水道屋さんがすぐ警察に連絡して、警察官がものすごい速さでこの人の家に入って、寝室のベッドの下とか、台所とか、あちこちで、小銃、ピストル、狩猟用の銃など、33丁の銃が見つかりました。

この留学生は何を考えているか、本当におかしいです。警察に行って、最後はニューヨーク西区連邦裁判所で裁判して、禁錮11カ月の刑になりました。1年以内です。この人は、来年11月ごろに中国に強制送還になる確率が高いです。

それで5月からアメリカの中国人留学生全部を捜査して、共産党員の家族の留学生は中国に帰らせるとか、厳しくなります。これから共産党政府の人たちが二度とアメリカに入らないように、このことも発表しました。留学生が犯罪者になり、何をするかわかりません。

この銃をどこで買ったか。証明書がなかったら買えません。警察の調査では、裏に協力者がたくさんいる確率が高いです。例えば米国在住の中国人はたくさんいます。帰化した中国人も多いです。彼らは銃を買う免許証があるので、それを利用してたくさんの銃を買いました。これは犯罪です。

これから中国人のアメリカ入国はもっと厳しくなります。現在、中国大使館は犯罪のことなどを何も発表していません。

このことをアメリカのたくさんの中国人学者がネットでみんな報道しました。

半自動小銃も、改造すれば全自動小銃になります。多分中国人民解放軍が関係している確率が高いです。半自動から全自動まで、いろいろの種類の銃を買いました。これはおかしいです。何か研究するのだと思います。恐ろしいです。いろいろな種類の弾薬もありました。ベッドの下にいっぱい見つかりました。普通の弾薬と、狩猟用の弾薬もありました。ニューヨーク警察もびっくりしました。

北京で住民と警察が対峙

次に、中国の北京のことを話します。

2〜3カ月前、北京政府は北京市内に観光地をつくることにしました。中国の場合は、土地はみんな国の土地です。家を自分のおカネで建てたら、移動するときに国から補償金をもらいますが、その補償金は少ないから住民たちは移動したくないです。

例えば、私の家が2000万円だと、政府からの補償金は1000万円です。それなら移動したくない。警察は何回も住民たちに早く引っ越ししてくださいと言いましたが、住民たちは聞かない。政府がもし同じ2000万円出すならすぐ引っ越しますが、補償金が少ないから引っ越ししたくない。

そうしたら、政府は、黒い服を着た解体屋みたいな、日本だったら裏社会の人たちに、もう一回ここへ行かせて、まずガスを止めました。住民たちは2100人ぐらいです。今、北京は寒い。零下5～10度ぐらいの状態で、映像を見たら、特に老人と子どもはかわいそうです。ガスを止めたらご飯をつくれないし、小さい子どものミルクを温めることができない。それで住民が警察と衝突した。住民たちは負けない。

2020年11月17日、警察と対峙中です。あと2～3日でどうなるか。彼らは最後まで引っ越ししないで、警察と死ぬまで闘うと思います。本当に恐ろしいです。ガスを止めて、次は多分水を止める。北京市内ではなく郊外なので、その辺は農業が多いです。299世帯、2100名以上の住民たちが住んでいます。

かわいそうです。住民たちには権利があります。引っ越ししたらやっぱり物を買わないとダメだから、政府なら普通は大体多めにあげます。多分北京政府は多めにあげたと思います。例えば1000元の場合は、現地の政府が大体200元ピンハネすると思います。地元政府は腐敗しています。補償金から少なくとも2～3割取ります。住民たちは不満だから、最後は政府が警察を呼んで、裏社会の人を呼んで、今現在は命をかけて対峙中です。

北京の近くでもこんな状態で、ほかの地方だったらもっとひどいです。ブルドーザーとか土を掘る機械がすぐ来て、家をめちゃくちゃ壊す。北京は外国人が多いから、まだましです。でも、この状態で、2000人以上の人たちはどうなりますか。食べ物は食べられないし、あしたどうなるか、あさってどうなるか。

現在、阿波羅ネットの報道で、寒さで小さい子どもたちが泣くとか、老人の場合も寒さが本当に大変です。この辺、全部ガスを止めました。２００人以上の黒い服の裏社会の人が無理やり住宅街の中に入り、荷物や資料が置いてある鍵のかかっている政府の事務室を無理やりあけました。国民は本当にかわいそうです。

香港を見たら、大体わかります。香港の警察が無理やり入って、人を平気で殴ったり、女性を蹴ったりする。このような暴動で、警察から殴られた人もいます。今まだ対峙中です。また新しい情報が入りましたら、あした皆さんに紹介します。

米民主活動家が発信 バイデン〝私は負ける〟上院に恩赦を求める スマホで窮地のファーウェイが自動車産業に進出

2020年11月27日

ファーウェイ、自動車産業に進出

まず、中国のファーウェイのことです。

ファーウェイは、今、スマホなどが売れなくて赤字です。ファーウェイの総裁は結構な年齢で、76～78歳ぐらいです。最近、ファーウェイは中国の長安汽車と協力しています。自動車の中の通信設備とか、エアコンとか、ICT技術の方面で合弁会社をつくりました。昔は、自動車を一切考えていませんでしたが、スマホが何カ所でも爆発し、現在は赤字で大変だからです。

この合弁会社については、ネット上でコメントがたくさんあります。

きのうの自由アジア放送局の報道では、ファーウェイは長安汽車と合弁会社をつくりました。また、ほかに海外にある会社は協力するかどうか、今のうちはわからないです。倒産しないように長安汽車との合弁会社が始まります。

経営的にかなり厳しい状況に追い込まれているのでしょう。世界のあちこちにあって、海外の従業員を何万人も減らしました。本社は広東省にあります。国内でもたくさんの人を減らしました。

きのう、私が報道したように、イギリスでは、ファーウェイはものすごく厳しいです。部品をつくったら、毎日、税金の罰です。

このことは、前に報道したことはないです。11月ごろから始めました。これからたくさんの自動車会社と合弁会社をつくると思います。でも、自動車を買う中国人は、今なかなか少なくなりました。うまく続くかどうかが問題です。

中国・天津で武漢肺炎感染、輸入豚足から？

中国習近平政府は、ことしの2月ごろ、武漢肺炎大爆発のとき、中国国内でなく、全て海外から武漢肺炎のウイルスを持ってきたと発表しました。

最近、中国は海外から豚肉とか、牛肉とか、魚とかを買っています。中国人は豚の足が好きですが、国内のほうはことし、なかなかないです。例えば、この間、天津で、ドイツから豚の足が入ったときに、天津の港で何人か武漢肺炎の感染者が見つかりました。そのウイルスはどこから入ったか。実は中国国内で2月ごろから次から次に感染者が出ましたが、中国政府はほとんど報道しません。

その労働者は実は前から武漢肺炎のウイルスに感染していましたが、外国の冷凍商品が北京に入ったというきっかけで、これはドイツのせいです、ドイツの冷凍の豚足の包装にウイルスがあって検査で出てきたとか、ドイツからウイルスを持ってきて、我々の労働者が感染しましたと天津市当局は発表しました。

ドイツ政府はすぐ反発した。ドイツのあちこちのスーパーで同じ冷凍の豚肉を食べて、なぜドイツ人は感染しないか。中国人が感染したのか。おかしいです。

最近の検査で、結局、ドイツの豚は名誉を回復しました。ウイルスはドイツの豚足ではありません。今度は北アメリカの豚の頭の包装にウイルスが見つかりました。おかしいでしょう。すぐ変わるのです。

中国人民日報の下請の環球時報の発表で、ドイツの豚の足のウイルスが北アメリカの豚の頭に感染したという話があります。メチャクチャでしょう。みんな海外です。中国の国内にはない。前は冷凍の魚で、今度は豚です。次は多分野菜か何かの食品、とにかく全部海外のせいです。

北アメリカの豚の頭から感染したという発表に対して、まだ北アメリカからの反発はないです。ドイツはすぐ反発しました。やっぱり反発して、はっきり言わないとダメです。ドイツは強いから、今度は北アメリカのせいに変わりました。

中国は今、全国的に武漢肺炎のウイルスで、北京、上海、天津、内モンゴル、武漢で第3回目の感染爆発になる確率が高いです。次から次に発表しました。

バイデン、「私は選挙に負ける。恩赦して」と上院議員に求める

25日の路徳社の中国人学者の報道で、11月25日の晩、バイデンさんはアメリカの上院のトップ、マイケルさんに連絡して、「私はダメになる。負けます」と言いました。自分の反逆罪の事実をわかっているから、「トランプ大統領が当選します。そのとき、私を恩赦してくれるか。許してください」とeメールで頼みました。

中国政府はすぐわかるから、25日21時33分、習近平は、バイデンさん、頑張れと、バイデンさん当選のお祝いの言葉を発表しました。

路徳社は、トランプ大統領は１０００％当選する、２０２１年1月21日に就任式を行うと発表しました。トランプ大統領が当選するのは間違いないと思います。

ジュリアーニさんとかパウエルさんが、今、裁判の証拠をたくさん集めています。きのう、証拠を出す国の公聴会がありました。トランプ大統領も電話で出席しました。

この爆弾投下の大ニュースで、トランプ大統領は最高裁判所で勝つことは間違いないとか、ネットト上のコメントはものすごくいっぱいあります。

路徳社は、アメリカ政府のアンカー報道で一番秀才の記者で、報道が一番早い。閻麗夢さんを本当に一生懸命助けてあげました。特にバイデンさんと中国の貿易とか、国家反逆罪とか、いろいろな事実を一番報道するのが路徳社です。

バイデンさんが恩赦をお願いしたというのは、中国から漏れてきた情報かもしれませんね。習近平のお祝いの言葉に意味があります。バイデンさんに最後まで頑張れと言っても無理ですよ。売国罪です。

トランプ大統領は、今までよく頑張りました。本当にすばらしいです。裁判で最後は必ず勝ちます。トランプ大統領のことは、またあした、いっぱいのニュースがあると思います。

北朝鮮の体操選手、国境を飛び越えて亡命

11月3日の朝鮮日報の発表で、朝鮮の有名な体操選手1名が、韓国と朝鮮の国境線にある高さ3・6メートルの鉄条網の塀を越えて、韓国に亡命しました。普通の人には考えられません。どういうふうに越えたのでしょうか。この人は本当に命をかけました。

その周りには地雷が多いのです。監視カメラもあります。でも、この人の姿には監視カメラが届きませんでした。おかしいですね。14時間後に、韓国の国境線の部隊がこの人を発見しました。その周りで逃げる場所を探してうろうろしていた途中で、逮捕されました。

調べると、この方は背があまり高くない。2回目でこの網を飛び越えたそうです。もともと有名な体操選手だから、棒高跳びのように棒をさして飛んだのではないかと思います。普通の人では考えられない。その男は、「私は亡命します」と言った。いろいろな検査の後で、今は隔離中です。

韓国の発表では、このように境界線を越えた例は2回あります。2012年、朝鮮の1名の軍人が国境を越えて、すぐ逮捕されました。

毎年、数百名の朝鮮の普通の国民が、中国を経由して、ほかの国を回って韓国に亡命します。このことを、朝鮮日報も新唐人テレビも報道しました。

トランプ大統領がキッシンジャーら〝親中〟国防省顧問11人を罷免！ビビった中国共産党、アメリカに〝謝罪〟

2020年11月28日

トランプ大統領、親中派の国防省顧問11人をクビ

きょうはトランプ大統領のことと、中国のことを皆さんに紹介します。

まず、アメリカの路徳社、中国人学者のYouTubeの26日の報道です。26日の晩、路徳社は「皆さん、今とても大事なニュースです」と、1時間以上報道しました。

トランプ大統領は、国防省顧問の親中派11人を一気にクビにしました。連邦国防政策委員会は人数が多いです。何万人もいます。その中の親中派の人たちで、キッシンジャーの時代から、ブッシュ大統領、クリントン大統領、オバマ大統領の時代の、全部合わせて11名です。

この人たちの名前は、前国務長官ヘンリー・キッシンジャー、元国務長官マデレーン・オルブライト、元海軍作戦部長ゲイリー・ラフヘッド、元国防長官のジェームズ・マティス、全部大物ですね。

親中派ばかりだから、トランプ大統領が発表した思い切った中国政策をみんなで止めて、ほとんど実行されませんでした。裏でそこまで中国共産党に操作された人たちです。アメリカは本当に危ないです。

これら11人がクビになって、2021年にトランプさんが大統領に就任すると思います。これらの偉い人たち11人を一気にクビにすることは、アメリカの歴史上にないことです。これから、次から次に逮捕しますよ。バイデンさんも逮捕します。売国者が本当に多いです。

アメリカは、そこまでたくさんの中国共産党のスパイに入られました。国家が中国共産党に転覆させられる直前です。恐ろしいです。国防省もFBIもCIAも、至るところに中国のスパイが潜入しています。

この外交政策は25日の報道です。11人の名前が出ています。皆さん、見てください。路徳社は26日の報道で、このニュースをいち早く翻訳して、全世界の中国人に向かって発表しました。YouTubeは今も報道中で、詳しいことが載っています。

習近平政府、トランプ大統領に謝罪

5~6年前にアメリカに亡命した郭文貴さんの報道です。現在、たくさんのマスコミはまだ報道していません。アメリカにたくさんの中国人がいますので、郭文貴さんの中国語の講演会の内容で、

28日の朝7時ごろ、私が見たときに報道されていました。

今現在、中国習近平政府は、アメリカのトランプ大統領に、「私たちが悪かった」と謝りました。おととい、アメリカは国防省顧問の11人の人たちをクビにしたから、中国共産党はものすごく怖くてビビッています。11人が罰せられた後は、トランプ大統領のタカ派の人が継ぐと発表しました。トランプ大統領が信用できる11人を入れました。

その情報はすぐ中国政府に入りました。だから、きのう、中国共産党は裏でアメリカに「私たちが悪かったです。許してください」と謝りました。

トランプ大統領は、これから中国を罰します。軍事力の罰か経済の罰だと思います。それを習近平政府はわかっています。アメリカは世界で一番強いですから、もし軍事力や経済で中国を罰したら、中国の国内は大混乱になる確率が高いです。だから、裏で秘密に「私たちが悪かったです。許してください」と謝ったということを発表しました。

郭文貴さんは、中国共産党内部に友達がいろいろいます。郭文貴さんにすぐこの情報の連絡がありました。

習近平政府はものすごくやわらかくなりました。でも、同じ時期に習近平政府は、また台湾に向かって1400発のミサイルを配置しました。アメリカに対しては、表面的に「私たちが悪かったです。許してください」と謝った。これら11人は中国共産党スパイと裏で会社をつくったり、国を売っていることを中国政府はわかっているから、謝罪の言葉を言いました。

郭文貴さんがきのう一番に、きょうもYouTubeでいっぱい報道しました。どういうふうに謝ったか、内部の詳しいことはまだわかりません。

インド・パキスタンの国境線の戦争

インドとパキスタンの国境線で戦争が起こりました。きょうのインドのニュースの報道です。

26日午後1時30分ごろから、戦闘が起こって、インドの1名の軍の幹部が銃弾で死亡しました。幹部になったばかりの若い将校です。すぐ病院に連れていって、多分心臓あたりに被弾したようで、しばらくして亡くなりました。その戦争で、1名のインドの民間人も負傷しました。今、入院中です。

21日、インドとパキスタン国境線で戦闘がありました。きょうでもう1週間になります。13日に両方からものすごく激しい発砲があって、インド軍は全部で11人が死亡したというインドの発表です。パキスタンはどのくらいかわかりません。負傷者は何人ぐらいか、まだはっきりした報道はありません。これはかなり大きい戦争です。

中国山西省の高速道路で約40台の衝突事故、炎上

習近平のふるさと、中国山西省の高速道路で、10台ぐらいの車が衝突して、最後は次から次に衝突し、40台ぐらい衝突しました。34台は化学物質を運ぶ車でした。その34台から火がたくさん出ました。焼死者が何人出たか、わかりません。周りの40台ぐらいが次から次に燃えました。原因はわかりません。中国は、いつも原因は調査中です。大変な事故です。

このことは新唐人テレビとか大紀元のアメリカの中国語版が報道しました。

パウエル弁護士がドミニオン集計機の実証動画を公開！

2020年11月29日

ドミニオン社投票集計機の改ざん実験

きょうは皆さんに、まずアメリカのこと、それからフィリピンとか中国のことを紹介します。

まず、アメリカのシドニー・パウエル弁護士は、27日に自分のツイッターの映像で、ドミニオン社投票集計機がどういうふうに投票を改ざんしたかという事実を皆さんに紹介しました。7分間の映像です。今度の水曜日にニコニコ動画で皆さんに紹介します。

このビデオはカリフォルニア大学の実験室で実験しました。まず、現場に普通の人を8人ぐらい呼んできて、投票用紙を1枚ずつ渡します。その投票用紙に2人の名前とか、あとは「OK」とか「NO」とか、簡単な文字を書いた。「OK」だったら下のほうに丸い黒い点、「NO」の場合は同じところを賛成か賛成しないか。

1人ずつ書いた後で、自分で投票の機械の中に入れたら、1~2秒でサーッと改ざんできました。名前が瞬間的に変わりました。このようなことで1日に何十万枚も改ざんできます。それを見てびっくりしました。

例えば私はトランプ大統領が好きだから、トランプのほうにOKして機械に入れると、一瞬でバイデンさんに変わります。「OK」が「NO」に瞬間で変わります。この機械はやっぱり問題がありますね。パスワードとか暗号とか何も要らないでしょう。投票結果をすぐ改ざん、変更できます。

この実験を見た女性たちは、何人も泣きました。涙がボロボロ出てきた。どのくらい改ざんされたか。悲しいです。

きのう、全米で、あとは中国人学者がみんな次から次に映像を見ました。皆さん、びっくりしました。衝撃でした。

多分オバマ時代も同じことをやったのではないかと皆さんが話しています。オバマさんだけでなく、クリントンさんの時代にもあった確率が高いです。本当に恐ろしいです。裏で中国とつき合いがあったので、国が本当にメチャクチャになりました。

トランプ大統領は現在裁判中で、これらの改ざんした票は、最後は全部無効になる確率が高いです。

アメリカは、中国共産党からメチャクチャにされました。この実験を見たらわかります。こんなに簡単に改ざんすることができる機械は信じられません。パウエル弁護士の発表で機械が改ざんしたという事実がわかって、皆さん、よかったと言っています。私も初めて見ました。

今もまだパウエルさんのツイッターで見ることができます。

フィリピンのスービック基地、米国第一艦隊の母港になるか

次もアメリカのことで、きのうの東森新聞の報道です。

アメリカの国防省は、南シナ海、西太平洋を管轄する第一艦隊を新たにつくりました。その母港にどこを選んだか。先週はシンガポールという話も出ていたが、シンガポールは小さいし、遠い。きのうの報道では、フィリピンのスービック海軍基地を選ぶということです。ここは1940年

代にはアメリカ海軍の基地でしたが、1960年代、第一艦隊がなくなったときに、この港は要らなくなりました。しばらくしてから韓国が買って、造船工場にして船をたくさんつくりました。

一時期、中国がそこを狙って、中国政府とフィリピン政府が契約しました。5～6年前、中国の数百隻の漁船が急にこの辺に来ました。この島を取りたいのです。それでフィリピン軍政府はびっくりしました。ここはもともとフィリピンの海軍基地だったのが、中国人民解放軍の基地になる確率が高いです。そこでフィリピン軍政府はすぐこの契約を破棄して、中国共産党に売りませんでした。

しばらくして、去年か2年前か、アメリカ国防省がフィリピン政府を訪問しました。その港はもともと米軍基地でしたが、もう一度、米軍がこちらに戻ってきます。

きのうの東森新聞の報道では、アメリカの第15陸戦隊遠征の少なくとも2000人以上の軍隊を、南シナ海、西太平洋に配置します。その部隊は、今、海上にいて、そろそろ着きます。

これから南シナ海に向かって、陸軍、海軍の部隊を、もとのスービック米軍基地に配備します。新しい艦隊の母港になる可能性が高いです。

米国防省の話では、72時間で中国海軍を全滅できます。スービックに海軍陸戦部隊とかほかの武器を配備したら、本当にできますね。東森新聞のきのうの発表です。

同じ時期に、フィリピンの国防部長は、「もし中米の間で戦争が勃発したら、私たちフィリピン人もスービックに参加しないとダメでしょう。アメリカが中国と戦うとき、私たちはアメリカを応援します」と話しました。

米軍のハワイ基地とグアム基地、南シナ海の基地は、中国を攻撃できます。アメリカ軍は、これから西太平洋に軍隊と武器をたくさん配置します。南シナ海を狙っている中国の包囲網をつくろうとしているわけです。

台湾の軍事専門家の分析では、米軍がスービックに来ると、中国が法律違反で南シナ海につくった軍事基地を攻撃して爆破するかどうか、現在ははっきりわからない。水陸両用の軍艦やいろいろな配備を見たら、すぐに中国の軍事基地を攻撃できます。まだ分析中で、爆破するか、軍事基地を取るか、どちらかはっきりわかりません。

第一艦隊がスービックに母港をつくる確率は高いです。

イランの核兵器開発者、暗殺される

次は、アメリカの博信ネットのきのうの晩の報道です。

イラン外交部の発表では、イランの核兵器開発の父と言われた科学者モフセン・ファクリザデ（59歳）が乗っていた自動車が襲撃されて、暗殺されました。自分の車の前には警備の人もいました。その前に木材とかたくさん積んだ貨物の車があって、その貨物が爆発し、この人も重傷を負いました。防衛の人は守るために前の車と戦いましたが、別の道路からも銃撃され、その方は重体になりました。

病院に連れていきましたが、銃弾は心臓に当たっていたのではないか。お医者さんが一生懸命手当てしましたが、死にました。この人は核兵器の開発をしていたので、昔から結構狙われていましたが、今回の爆発で死にました。

イランのザリフ外相は「この行為はテロです。私たちは絶対に復讐します。イスラエルの裏の指示者はアメリカです」と、世界に向かって警告を発表しました。本当に何があるかわからないです。この国は恐ろしいです。

米大統領選はクーデター
米軍特殊部隊とCIAが銃撃戦　兵士5人が死亡

2020年11月30日

米軍特殊部隊とCIAがドイツで銃撃戦

きょうは、アメリカのことだけを皆さんに紹介します。

まず、きのうの海外のたくさんの中国人学者の報道では、アメリカの特殊部隊とCIAの間で激しい銃撃戦がありました。トランプ大統領に対するクーデター未遂の戦闘です。アメリカのWVWブロードキャストネットワークと、創造的破壊のウェブサイトも報道しました。

アメリカの有名な軍人、トーマス・マキナニー中将は28日のインタビューで、このクーデターの事実を発表しました。その2人の将軍は、ドミニオン社のドイツのサーバーを押収するときにCIAと米軍の間で激しい戦闘を起こしました。

CIAはこのサーバーを押さえるときにものすごく反発した。裏で中国、ロシア、イランからの支援を受け、CIAは一生懸命たくさんの機械を取りました。それでトランプ大統領の命令を受けた特殊部隊が絶対許さないで、そのときに激しい戦闘がありました。

その現場で、CIAはすぐアフガニスタンから1部隊を増加しました。その部隊は特殊部隊と戦いました。特殊部隊は発砲して、CIAの兵士1人と、アフガニスタンから来た部隊4人、合わせて5人の兵士を射殺しました。負傷者はまだ報道していません。

マキナニーさんは、私たちの情報源は米国の特殊部隊だと言いました。その特殊部隊は恐らく有名なデルタフォースです。本当に激しい内戦です。恐ろしいです。私もびっくりしました。CIAはやっぱり危ないですね。中国から完全に工作されて、アメリカを裏切りました。

マキナニーさんの話では、セキュリティサーバーのその後のレビューは、中国共産党の特別工作とか、イランの特別工作とか、ロシアの特別工作に全部裏で関係があります。裏で指示したと思います。

その意味は、トランプ大統領に対して、今度の選挙のクーデター未遂です。すぐアメリカが転覆します。大変危険な時期です。今度、その全部の証拠を押さえて明らかにしました。特殊部隊は本当に偉いですね。よかったです。来週から、民主党とかＣＩＡを反逆罪で逮捕すると思います。次から次に逮捕します。

マキナニーさんは、「トランプ大統領は退任しないでください。アメリカのためにお願いします。アメリカの国は本当に命を取られる。心配です。ＣＩＡの中の人たちとか、民主党のバイデンさんとか、民主党の中のいっぱいの売国者は絶対に許しません。彼らを許したら、アメリカの国が危険です。絶対に刑務所に入れないといけない」と言っています。

彼は最後に、「これら中国とか、ロシアとか、イランとか、反米者とか、大統領選挙の詐欺に協力した人たちを制裁しないといけない」と発表しました。２０２０年の大統領選挙で、ＣＩＡ、中国、イラン、ロシアなど、裏で操作した証拠をドミニオン社について全部明らかにしました。

今回の選挙でドミニオン社の集計機が使われて、データが改ざんされていた。そのサーバーがドイツにあったのです。そのドイツのサーバーを押さえるために、アメリカの特殊部隊デルタフォースとＣＩＡが銃撃戦を行った。ＣＩＡの背後には中国とかイランがいた。アメリカを乗っ取ろうとするクーデター未遂が明らかになったわけです。今週から逮捕が始まる。後で皆さんに事実を発表します。

このようなドイツでの激しい戦争は、今、海外のたくさんの国のネット上で報道されています。きょうから日本でもたくさんの情報を報道すると思います。

バイデン氏のSPチーム、突然縮小

今から5分前のフランスの中国人の学者馬先《ましぇん》の報告で、アメリカ国土安全部の局長は、きのう（29日）突然、バイデンさんの身を守る安全保障のチーム（ＳＰ）は52人でしたが、９人だけ残ると発表しました。まだ選挙が終わっていないからで、選挙が終わったら１人もいないのではないか。普通の国民に戻ります。

バイデンさんが入れるのはホワイトハウスではありません。刑務所に入る道があります。

バイデンさんは、理由は何も言われていないし、急にＳＰが全部撤収したので、結構寂しくなって、すぐ民主党のペロシさんに報告しました。その電話でペロシさんは、「おかしいな。私は何も聞いていないけれども、法律に合わないですよ」と、アメリカ国土安全部特務局長をめちゃくちゃ怒りました。法律違反とか、簡単に人を守るチームを取り消すのはおかしいじゃないのと、このおばあちゃんが大変怒りました。

馬先さんは、「これから逮捕する日が来ます。皆さん、次の情報を待ってください」と報告しました。

米大統領選挙・中国に投票用紙を大量発注　内部録音が流出
国内45大学が人民解放軍管轄大学と提携

2020年12月1日

米大統領選挙の投票用紙を中国に大量発注

きょうは、アメリカのことと日本のことを皆さんに紹介します。

アメリカ大統領選挙の投票用紙を中国の国内で印刷したことは、私がかなり前に紹介しました。そのときは500万枚ぐらいでした。今回はもっと多いです。アメリカの阿波羅ネットの報道では、500万枚の何倍も中国で印刷しました。数え切れないほど多いです。

その証拠は、英語版のネット上で、2人の中国人の男の会話の録音があって、英語の通訳がついていました。今から皆さんに紹介します。

この2人の中国人は、印刷会社の人だと思います。アメリカの会社と直接連絡をとったという内部の話です。

まず最初の男は、「印刷量が多いですね。大丈夫ですか。印刷できますか」と。もう一人の男は、「この量は多いけれども、おカネを持ってきたかどうかの問題です。印刷する量は問題ない」。その意味は、量が多過ぎるから、おカネが払えるかどうかの心配です。

「手元の印刷用紙を見たら、インクがちょっと違いますね。黒いところがこちらのほうが薄い。向こうは黒い」という話がありました。

その方は、「あっ、大丈夫ですよ。私、よく見たから。この投票用紙は少し違いますね。でも、問題ない。大丈夫ですよ」という会話があります。「もう一回詳しく見てください」、「ほとんど大丈夫です。ちょっぴり違うところがあります」と。

「印刷が終わってから、航空便で発送しますか。それとも船便か。航空便ならば2週間ぐらいかかります。それでは船便とあまり変わらないでしょう」とか、そのような話。

その人は、「私は調べました。アメリカは大量の注文をしました。その場合は、航空便でも同じ日にちがかかります。1～2カ月なら船便とあまり変わらないでしょう」とか。

これは多分ことしの2月か3月ごろの注文だと思います。武漢肺炎でアメリカは飛行機を1～2カ月止めて、各国の飛行機も止めました。それで印刷会社の人たちは、どういうふうにアメリカに発送するか、船便か、それとも航空便か。あのときは結構大変な時期だから、国際便は結構遅れるという話です。

その後で、「あなたの印刷会社は、文字は一つ幾らで計算しますか。中国語だったら、例えば10

文字は1円ぐらいだ。英語はみんながわからないから、1ページどのくらいとか、計算のことも、もう一回説明してください」と。もう一回アメリカの会社と連絡して、どのくらいの計算かを説明する。中国語の計算ならば、例えば3000文字か5000文字が1000円ぐらいだ。アメリカはどういうふうに計算しますかとか。

相手は、「オーケー。それならもう一度、相手とコードで連絡します」と。多分電話とか、ファクスとか、スマホで連絡すると思います。

このような詳しいことが決まったら、印刷が始まります。これはことしの3月の会話です。2月ごろにアメリカからこの注文を受けました。投票用紙の少なくとも半分以上、1億枚ぐらい中国で印刷しました。多過ぎる量で、印刷会社もびっくりしました。なぜこんなにいっぱいの量なのか、会社の人は不思議に思いました。その録音を、阿波羅ネットが29日に発表しました。

アメリカ大統領選挙の投票用紙を印刷したのはほとんど中国です。民主党の人たちは裏で中国共産党に工作されていますから、何でも中国に頼む。私はアメリカの印刷のことはわからないけれども、日本で1枚で500円ぐらいのものが、中国では100円とか、80円とか、50円とか、結構安いです。航空便とか船便の料金を入れてもまだ安いので、アメリカは中国に印刷を頼みました。

本来、投票用紙はアメリカ国内で印刷すべきですが、安いということもあって、秘密裏に中国に下請で注文していた。今、真相がだんだん出てきましたね。

アメリカは、クリスマスの飾りとかなんとか、みんな中国製です。中国人は多いし、人件費が安いからです。投票用紙まで頼みました。本当に考えられないです。アメリカ大統領選挙は、政治クーデター未遂の状態です。危ないです。

投票用紙は特別なインクで印刷されているという情報もあります。だから、この会話の中で、中国人は「アメリカのインクとちょっと違う」と。やはり特別のインクはないと思います。それがなかったらアメリカから送るかとか、微妙に違っているだけだから大丈夫とかいうのが、アメリカとの話だと思います。

中国で武漢肺炎が爆発中のときに頼まれたので、そのとき、中国の会社もたくさん休みにして、隔離されました。もし遅れたら大変です。いろいろのことがあります。それも阿波羅ネットの報道です。

日本の45の大学が、中国人民解放軍管轄の大学と提携

次は、日本のことです。同じ阿波羅ネットと、台湾中央社、海外のたくさんのマスコミの報道です。

千葉工業大学とか、北海道大学とか、大阪大学の核研究所とか、芝浦工業大学など、合計45の日本の大学は、中国人民解放軍の大学と提携関係があります。学生さんの交流とか、いろいろな研究の交流があります。国立大学も含まれています。

海外は本当に危ないです。アメリカと同じです。アメリカの有名な大学、ハーバードとかいろいろな大学と中国人民解放軍の大学も関係があります。日本の45の大学というのは結構多いです。本当に心配です。

中国人民解放軍と関係ある大学は、まず北京航空航天大学、西北工業大学。そして国防産業の中国工業情報部と関係のある軍事大学とか、人民解放軍の武器装備開発の大学とか、人を殺す武器を開発する大学で、これら有名な大学はアメリカが制裁した大学です。そのような大学と日本の45の大学と交流があります。

今現在、千葉工業大学は中国人民解放軍の大学との交流を中止しました。まだ北海道大学とか大阪大学の核研究所は、停止していません。来年か、いつか停止するかどうか。多分最後は停止すると思います。今のうちは、まだ何も言っていません。日本のたくさんの技術が盗まれます。本当に怖いです。

アメリカは軍事技術がどれぐらい盗まれたか、計算できないです。早くやめたほうがいいと思います。海外のたくさんの中国人学者はみんな心配しています。きのう、日本はだまされないうちに早くやめたほうがいいと、みんなが発表しました。

自衛隊、海上保安庁は、来年から中国製無人機の使用を中止

次も、日本のことです。

日本の自衛隊と海上保安庁は、昔から中国産の無人機（ドローン）を1000機以上買いました。これらの無人機を、来年から全部使わないと発表しました。どれぐらいムダなおカネを使ったか。中国の無人機は、ほとんど大疆（ＤＪＩ）の製品です。その会社の無人機を使ったら、日本の各方面の情報が中国に盗まれます。本当に危ないです。禁止したのはいいことです。損をしても構わない。情報を取られたらもっと大変です。日本政府の目が覚めて本当によかったです。ものすごく心配です。

このことは、台湾の中央社、アメリカの阿波羅ネットが報道しました。

トランプ大統領、中国の大企業を制裁対象に

最後に、ロイターの30日の報道では、トランプ大統領は、中国の最大の半導体の会社（ＳＭＩＣ）と、天然ガスを生産する中海油（ＣＮＯＯＣ）という会社を制裁するということです。多分今週から、この2つの中国の有名な会社を制裁します。

この発表の後で、香港市場のこの会社の株はすぐ暴落しました。特に中海油の株は108%暴落しました。

制裁というのは、アメリカの全ての企業がこの2つの会社に投資することを一切禁止するということです。中国習近平政府はものすごく頭が痛いです。この2つの会社は、中国で一番大きな会社です。今はまだ習近平政府の反応はありません。

民主党幹部とCNN司会者が中国詣で「チベットは中国が侵略した地域」米国務省が報告書を作成

2020年12月4日

民主党と中国の深い関係

12月2日、シドニー・パウエル弁護士とリン・ウッド弁護士、ともにアメリカの有名な弁護士である2人が記者会見を開き、「我々は、今回の大統領選における投票用紙改ざんなどの詐欺選挙の全貌を明らかにします。自由なアメリカの転覆を狙う中国共産党の野心と大統領選との関係もしっかり指摘します。必ず大統領選に勝って、2021年1月20日はトランプ氏が引き続き大統領として就任式を行います。全てのアメリカの愛国者は立ち上がる必要があります」と発表しました。この発表はうれしいです。彼らが今回の大統領選が不正選挙であるという証拠をたくさんつかんでいるのは間違いないと思います。

大統領選のさなか、中国では、習近平が主催していると言われている国際会議が11月20日に開催されました。この会議は、中国との交流を目的に毎年1回行われます。会議に招待されるのは世界各国の親中派の人たちで、アメリカの民主党はクリントン、オバマの時代からずっとその会議に参加していると思います。民主党は十何年前から中国と深いつき合いがあるのです。

11月20日の今回の会議は広東省で行われました。中国政府の政治委員会も宣伝部長もみんな出席しました。日本からは誰が行ったかわかりませんが、アメリカからは、バイデンさんを支持する民主党顧問のローレンス・サマーズさんと、CNNの司会者のファリード・ザッカリアさんの2人が行きました。もちろん中国政府から招待を受けています。北京にいる習近平は、会議の開催を喜び、祝電を打ちました。人民日報や新華社など中国のメディアもこの会議を報道しました。

ローレンス・サマーズさんは、著名な民主党の政治家で、クリントン政権で財務長官、オバマ政権で国家経済会議委員長を務めました。彼は中国習近平政府と深いつき合いがあります。CNNの司会者のザッカリアさんも同様です。CNN自体も、中国共産党の言ったままを報道して、中国共産党のマスコミと同じです。アメリカのたくさんの愛国者はみんなCNNの報道を見ません。

サマーズさんとザッカリアさんが中国の国際会議に行ったことは、アメリカのロイター通信も発表しました。大統領選のこの時期に中国に行くのはおかしいです。やっぱり民主党は中国とつき合いが深いです。CNNは反トランプの立場をますます強めています。CNNだけでなく、アメリカの大手マスコミは、トランプ大統領が話していると、途中で切ってしまいます。これは裏で中国が操作しています。

民主党側が、次期バイデン政権の大統領報道官になる人物を発表しました。それはジェン・サキさんという女性で、彼女がピンクの帽子をかぶって写っている2014年の写真が、アメリカのマスコミでも、中国人のたくさんのマスコミでも報道されました。

彼女のピンクの帽子の正面真ん中には、中国共産党系かロシア共産党系かと思われるような、5つの小さい星と、共産党のシンボルである鎌と斧がついていて、「まるで共産圏だ」とか、「中国共産党のやり方と同じだ」とか、トランプ大統領の息子の「共産党のマークの鎌も斧もナイフのように人を傷つける。このようなマークをアメリカ民主党の報道官が身につけているというのは、本当に危ない」という話がマスコミで報道されました。

党の偉い人が十何年前から中国共産党と交流している民主党、大手マスコミはアメリカの売国者です。バイデンさんが当選したら、アメリカは大変危ないです。トランプ大統領は、これらの売国者が中国共産党と組んでアメリカを転覆することを絶対許しません。

チベットを独立国としたアメリカ国務省の報告書

今、チベットに関する報道は少ないのですが、12月3日の台湾の東森新聞が、チベット亡命政府の2人のチベット人がこの間、ホワイトハウスを訪問したことを報道しました。インドのダライ・ラマさんの事務所の一番上の主任ともう1人の専門家が、ホワイトハウスでアメリカ国務省の多分チベット担当の方だと思いますが、その方と会見しました。

そのときにアメリカ国務省がつくった72ページの長い報告書があります。この報告書は、チベットのこと、新疆ウイグル族のこと、南モンゴルのこと、あと人権問題とか、いろいろなことについて詳しく書いています。1カ月前に、アメリカのポンペオ国務長官が「台湾は中国の領土の一部ではない」と発表しましたが、今回の国務省の報告書は、42ページに「チベットは中国の領土の一部ではない」とはっきり書きました。チベットは中国とは一切関係ない別の国であるという意味です。そして、中国共産党政府が1950年以来、毛沢東時代から今現在までチベットを軍事占領区にしていること、つまり侵略していることを正式に報告書にまとめました。

このことを発表したのは、台湾の東森新聞と東森YouTubeです。ほかのマスコミはまだ報道していないと思います。トランプ大統領は選挙が終わってから、「チベットは中国の領土の一部ではない」と世界中にはっきり発表して、アメリカがチベットを独立国として認識していることを明確に示すと思います。アメリカはチベットを支援します。もちろんインドもチベットを支援していま す。インドには1950年代からダライ・ラマさんが亡命しています。亡命してもう六十何年にな ります。三十何年前からはチベットの特殊部隊もインドにいます。

中国政府は現在のところ、まだ何も反発していません。アメリカがこれから世界に向かって発表したら反発すると思います。でも、チベット人と中国人は民族が違っていて、昔からチベットは1つの独立した国であるというのが事実です。中国政府は資源のあるところをどこでも取ります。尖閣諸島も、もともと日本の領土であって、中国は一日も管理したことがなかったのに急に「中国の領土だ」と言い出しました。これはおかしいです。略奪と同じです。

アメリカ国務省の報告書については、東森YouTubeが今も詳しい報道を続けています。よかったら、皆さんも見てください。

中国・米不足でインドから10万トン購入
食料問題本格化

2020年12月６日

中国が狙う日本のコメ

今、中国はおコメがものすごく不足しています。この間、タイ、ミャンマー、ベトナムからおコメを少し買いました。でも、その３カ国もあまりおコメがなく、自国内が大変だから、中国に対してもう売りません。仕方なく中国政府はインド農業省と相談して、初めてインドからおコメを買うことになりました。12月１日、インド政府が10万トンのおコメを中国に売るサインをしたことがインドで報道されました。

中国に売る10万トンのおコメの値段は、１トン当たり300ドル、日本円で３万円ほどです。インドではおコメを手づくりしていますから、安過ぎます。手で田植えをしているインドの女性たちが本当にかわいそうです。安値での売却を報道で知ったインドの国民は、「なぜあんな安い値段で中国に売るのか。売ってはダメだ」と怒り、全国のあちこちでデモを起こしました。

インドの怒れる農民たちは、農業省が横柄になっていることもあって、農業省トップの辞任も求めています。それから、インドは中国と国境紛争があります。国境地帯はほとんど戦争状態で、この間、国境のインド軍兵士が大勢、中国軍に銃殺されました。この戦争のために、国境のインドの軍人たちにおコメを準備しろと言っています。

中国の国土は日本の26倍で、省が31あります。２０２０年、31省のうち27省が大洪水に見舞われ、中国の食料生産は例年の３割にとどまっています。北部のほうは秋のバッタによる食害でトウモロコシがやられました。２０２０年は中国の食料はほとんどダメです。２０２１年5月ごろから本格的に食料が不足します。おコメだけでなく、トウモロコシ、大豆など全ての食料が足りなくなります。人間の食べ物だけでなく、家畜の餌もなくなります。

中国政府は「私たちの食料は2年間大丈夫です」と言っています。ずっと「大丈夫、大丈夫」と言い続けています。これは全部嘘です。中国におコメはもうないです。２０２０年の11月ごろミャンマーから30トン入りました。今はまだ12月ですが、インドから10万トン入っても、人口14億人では1~2カ月しかもちません。

アジアのおコメの産地を見ると、申し上げたように、タイ、ミャンマー、ベトナムもおコメがありません。韓国もあまりないです。インドも、インドの国民が本当に怒っているので、10万トンの輸出はサインしましたが、それから先は中止すると思います。残るおコメの国は日本です。

今の日本政府は「人権、人権」と言いながら親中派議員が多いです。２０２１年は日本のおコメが狙われると思います。お正月が済んでから、「日中友好、日中友好」と言っている裏で、日本のおコメが危ないです。2020年からもう裏で中国が日本におコメを注文しているかもしれません。日本も今、おコメが足りないですから、日本の政治家はまず日本の国民を大事にしてください。1億2000万人の自国民が困らないようにしっかりしないとダメです。はっきり言わないとダメです。私も曖昧が大嫌いです。

中国はあんなに大きな国土ですが、毎年食べ物を70％ぐらいアメリカやカナダ、オーストラリアなど海外から輸入しています。おコメ以外の食料が少なくとも5000万トン～6000万トンぐらい、安い値段で中国に売られています。もしアメリカが大豆やトウモロコシなどのいろいろな農産物の対中輸出をとめたら、中国人は餓死します。でも、中国政府は、中国人民を助けてくれるそれらの国に対して、感謝の気持ちは何もないです。逆に「敵だ」と言っています。

習近平政府は、アメリカの武器と比べたら、中国の武器がおもちゃみたいなものであることがわかっています。中国の武器はアメリカの武器とは比較にならない。アメリカとの戦いで何もできない。それで習近平は、「最後は核武器を使ってアメリカと戦います」という言葉を口にしました。このことをこの間、阿波羅ネットなど海外のたくさんの中国人のYouTubeが報道しました。中国人学者は「中国への援助を早く中止してください」と怒りました。アメリカのトランプ大統領のもとには中国人の顧問が何人かいますから、彼らを通じてこういう新しい情報がすぐアメリカ政府に伝えられます。

アメリカが中国共産党員のビザを制限

アメリカ、オーストラリア、カナダ、日本、イギリスなど、海外のいろいろな国で中国共産党統一戦線工作部（党戦部）が組織をつくって活動しています。例えばアメリカには米中友好協会、中国平和統一促進会があります。同様に、日本にも日中友好協会、中国平和統一促進会があります。こうした組織は全部、党戦部がつくった中国共産党の組織です。

海外における中国共産党の組織は、平和的な中国の統一とか、友好とか、表ではいつもいいことを言っていますが、裏では、スパイ活動として、マルクス・レーニン主義を宣伝したり、海外に亡命した反中国共産党の人たち、例えば民主活動家やマスコミの記者をしている中国人や、チベット人、新疆のウイグル人などの少数民族の人たちを、「逮捕するぞ」とおどしたり、外国の情報を盗んだり、何らかの破壊工作をしたり、いろいろ悪いことをしています。

おとといアメリカのポンペオ国務長官は、中国共産党の幹部をはじめとする全ての党員とその家族について、ビザを制限すると発表しました。今後、中国共産党員がアメリカに滞在できる最長期間はこれまでの10年から1カ月に大幅に短縮され、入国できる回数も1回のみとなります。入国審査も厳しくなります。これは、アメリカはこれから中国共産党員とは一切つき合わない、縁を切る、アメリカに来なくてもいいという意味です。

きょうの朝6時、バイデンさんが、足が悪くて不自由なことを理由に次期大統領をおりるという報道がありました。バイデンさんの息子にはものすごいスキャンダルがありますから、多分、息子が刑務所に入らないように守るため、次期大統領からおりることでトランプ大統領に恩赦をお願いするのではないかということですが、まだ1カ所だけの報道で、ウワサのレベルです。今から私が確認して、確認できたら、また皆さんに紹介します。

民主党とFBIが大規模詐欺選挙を実行
死者や不在者まで投票
中国・海警法改正で尖閣諸島の日本漁民に発砲も

2020年12月6日

詐欺選挙の惨状

きのうのアメリカのAP通信社の報道で、全米の大統領選で詐欺選挙事件が次から次へと発覚していることが明らかになりました。大激戦州と言われるペンシルベニア州、ジョージア州、ミシガン州の3州では詐欺選挙がひどいです。

特にペンシルベニア州では、30万の郵便投票が郵便局に発送されたのかどうか、行方不明になっています。それらの票の中のたくさんのトランプ大統領票が破られ、紙片が床に散らばっている写真が紙面に載りました。ごみ箱に捨てられた可能性もあります。

ペンシルベニア州は民主党が多いから、メチャクチャです。おととい12月4日、元ニューヨーク市長で、今はトランプさんの弁護士であるジュリアーニさんが、1つのチームを連れて急いで同州のフィラデルフィアに行きました。そこで大規模な不正投票があったのです。10年とか長い間、誰も住んでいない家の人が投票したことになっていたり、何年か前に死んだ人まで投票していました。そうした投票詐欺の証拠を手に入れるために、ジュリアーニさんのチームはフィラデルフィアに行きました。

民主党支持者が多い3つの州では、投票が突然停止した州がありますし、アメリカの歴史上、今回ほどメチャクチャな選挙はありません。今回の詐欺選挙事件は民主党とFBIがひそかにグルになって起こしたものであり、最後は裁判をしないとダメだと思います。

トランプ大統領を応援する共和党の数千人の弁護士は、投票用紙が破られた映像も含め、詐欺選挙のたくさんの証拠を集めました。これらの証拠は全部、数千名の弁護士の手元にあります。彼らは証拠をしっかり握って、民主党と裁判をする準備も完了しました。トランプ大統領はこの裁判で必ず勝つと思います。それだけの証拠が集まったということです。

きのう阿波羅ネットで、数百人のトランプ支援者のニューヨークでのデモが報道されました。トランプ支援者はみんな怒っています。民主党のバイデンさんの票が急に14万票ふえたのです。おかしいことは誰でもわかります。トランプ大統領の票が多いのに、破るとか、郵送しないとか、民主党が裏で悪いことをしたのです。デモの参加者たちは「選挙詐欺は許さない」と平和裏に抗議しました。彼らは正しい選挙を欲しています。

中国海警法と尖閣諸島

２０２０年11月26日から29日までの中国共産党の大会で、中国海警法の草案が公表されました。それによると、これから中国海警局は、中国の領海に入った外国船に対して、まず中国領海内であることを告げ、領海外へ出るよう命令します。そして、もし命令を聞かない場合はその外国船に発砲できることになります。

私が心配しているのは尖閣諸島です。「尖閣諸島は中国の領土である」という主張は、中国政府が70年代から展開しています。今は小さい子どもにも国がそう教育しています。尖閣諸島の周辺は、アメリカの船は入りません。入るとしたら、日本、特に石垣島とか沖縄あたりの漁船だと思います。今後、もし日本人の漁師さんが魚を取るために尖閣諸島に入ったら、領海外へ出ろと命じたのに出なかったということで、中国海警局の船、中国国家の船から発砲されて、命が危なくなります。尖閣諸島はこれから本当に危険です。日本人の漁民の方が心配です。

南シナ海は、オバマの8年間の間に中国政府が一生懸命、軍事基地をつくりました。それに対してオバマは何も言いませんでした。なぜか。バイデンさんと一緒に裏で中国からいっぱいおカネをもらっていたからです。オバマの弟も、中国人のお嫁さんをもらって、中国人民解放軍退役軍人の偉い人の協力で、中国に十何軒の焼き肉屋さんをつくりました。オバマは家族で中国からおカネをもらっているのです。

ただ、南シナ海は昔から国際的な海で、誰でも航行できます。今、アメリカの船が自由自在に航行していますが、中国は発砲しません。尖閣諸島のほうがこれから心配です。日本の沖縄あたりの漁民の人たちは、これから魚を取るときには本当に気をつけてください。国防動員法の改正で中国海警局の発砲の可能性がありますから、気をつけないと危ないです。

台湾海峡の中間線を無視する中国

11月5日の報道で、アメリカが台湾を守るために、最先端無人機MQ－9Bを4機、台湾に売ることが明らかになりました。台湾の多くのマスコミがそのことを報道しました。前にアメリカがイランのソレイマニ司令官を「斬首作戦」で殺害したときに使ったのも、MQ－9Bのような最先端無人機です。

報道を受けて、中国の国防省はすぐさま反発の声明を出しました。どんなに反発を受けてもアメリカのトランプ大統領が売却を決めたので、中国政府はメチャクチャ怒りました。中国大陸と台湾の間の台湾海峡には前に中間線がありました。でも、中国は最近、「台湾も中国の領土であり、中間線は存在しない」と勝手に主張し始めました。その主張を外交部が発表しました。

その主張の意味は、中国の戦闘機が台湾の領空を侵犯できるということです。中国は台湾の最先端武器がよほど怖いと見えます。今後、いつ中国の戦闘機が台湾の領空に侵入して、おどしのために発砲したりするかわかりません。怖いことです。本当に心配です。

厚顔無恥な中国政府

今、ヨーロッパは、新型コロナウイルス感染症がものすごく流行しています。中国の習近平政府は、イギリス、ベルギー、フランス、ドイツ、アメリカの人たちが中国に入国する際は、自身がコロナに感染していないことを証明する自国の健康診断書を持ってくること、健康診断書がない場合は中国への入国を禁止することを決めました。その決定がきのう12月5日、中国外交部のスポークスマンの汪文斌さんから発表されました。

その発表をしたのは、「今、中国に武漢肺炎はありません。外国、特にヨーロッパ、アメリカから持ち込まれては困るので、外国人の入国検査を厳しくします」と全世界に向かって言うためです。中国政府は、悪いことをしておきながら、その後、そのことを一切言わないで、まるで悪いことをしていないみたいな顔をして全部外国のせいにする。おかしいです。それに、そもそも誰がわざわざ病院で検査して中国に行くのか。ヨーロッパは今現在、大変な状態で、フランスもイギリスも封鎖を行っているのですから。

アメリカ・対中開戦決意
来年2月以降に電撃戦 同盟諸国も参戦 生物兵器攻撃を認定
日本人は至急帰国を ジュリアーニ弁護士感染

2020年12月7日

各国で進む亡命中国人の受け入れ準備

12月4日から7日のきょうまで、アメリカの中国人学者の放送局である路徳社や、アメリカに大分前に亡命した郭文貴さんのマスコミ、あとオーストラリアにいる中国の民主活動家の女性のYouTubeなど5〜6カ所のマスコミが、アメリカは対中戦争の準備をした、もうすぐ対中戦争が始まると報道しています。そのことについて、路徳社とオーストラリアの人たちの報道を中心にまとめて紹介します。

今現在、中国の南から北まで全土に中国人民解放軍の基地が存在します。生物武器を製造する軍事会社も何カ所かあります。これらを合わせると３７００カ所に及びます。ミサイル基地、戦闘機基地、核武器基地、生物武器を製造する基地、いろいろな軍事基地が中国のあちこち、特に上海や広東省など人口が多い南部にあります。これらの軍事基地はアメリカからの攻撃で爆破される確率が高いです。

アメリカ、カナダをはじめ世界中のいろいろな国に反中国共産党の民主活動家がいます。海外の民主活動家でおカネのある人たちは、中国国内から逃げてくる人たちを守るために、自分のおカネで農場を買ったり、いろいろな生活用品、特に食料をいっぱい買って備蓄しています。

日本に逃げてきた民主活動家たちも、東京や大阪は人が多いので、沖縄に農場のような巨大な土地を買いました。買ったのは３～４年前です。大分前から逃げてくる人たちの生活のために準備をしています。

もちろんアメリカでも亡命してくる中国人のためにあちこちにいっぱい農場を買いました。韓国、オーストラリア、それからニュージーランドでも大分前から皆さんが巨大な土地を買って準備しています。民主活動家や郭文貴さんは、中国共産党を潰すときが必ず来ると考えて、中国国民を助けてあげる場所を自分たちの力で各国にできるだけいっぱい買いました。

ただ、おカネ持ちの中国人は国内から逃げられますが、おカネのない人たちはそうはいきませんので、人が少ないところに移動するように今、海外から中国国内に一生懸命連絡しています。

中国脱出の最終警告

武漢肺炎が一番ピークだった２０２０年の2〜3月の時期から、アメリカ政府は、中国にある企業に勤務するなどして中国の各都市に滞在しているアメリカ人に、帰国を一生懸命呼びかけていました。マスコミには出ない裏側で、北京のアメリカ大使館が何回も何回も在中国アメリカ人たちに帰国を促していました。

にもかかわらず、中国にあるアメリカ企業の社長の中には、中国共産党に大分洗脳されて、「中国は私の第二のふるさとです。帰りたくないです」と言う人もいました。しかし、２０２０年の8〜9月ごろ北京駐在のアメリカ大使が帰国しました。中国にアメリカ大使がいなくなって、多くの企業の人たちは「帰らないとヤバいな」と認識しました。そして、アメリカの企業は会社を安値で中国人に売りました。例えば３０００万円の会社だったら「１０００万円でもいいですよ」というぐあいに、次から次へと安売りしました。

今、中国にいた十何万人のアメリカ人はほとんど帰国しました。香港にまだ少し残っているだけです。２０２１年1月20日にトランプ大統領の就任式がありますが、アメリカ政府は今回、その1月末までに中国駐在のアメリカ人は帰国すること、それ以降は政府は一切責任を負わない、自分で責任をとることという最後の警告を発しました。これもマスコミは一切報道していません。裏で行われました。

アメリカは、2019年に中国の軍事基地を爆破する予定でしたが、中国にいるアメリカ国民がなかなか帰国しないため、それができませんでした。だから、今回は最後の警告を発しました。2021年の初めには、いよいよイギリスの空母クイーン・エリザベスがアジアを視野におさめられる太平洋に来ます。中国にいるアメリカ人を連れて帰るため、最近、アメリカの中国行き航空便がものすごく増便されました。週に4～5便ぐらい増加しました。

トランプ再選を阻んだ武漢肺炎

生物武器や化学武器を研究するアメリカの有名な科学者たちは、国家の情報部の人たちとアメリカ政府主導の調査をいろいろ行った結果、中国の武漢肺炎が白人に対して仕掛けられた生物化学武器による戦争であることを認定しました。

武漢肺炎は、白人、特にアメリカ人に対して、国をひっくり返して技術を奪い取ること、そして何よりもトランプ大統領の再選を阻止することを目指して、中国政府がトランプ大統領の当選以来、研究を続け、計画を練り上げてきたものです。武漢肺炎のウイルスをばらまくことによって、大統領選では郵便投票が実施されました。ドミニオン社の不正なシステムの集計機械も使用されました。その結果、票が改ざんされたりする詐欺選挙となりました。裏では中国共産党のスパイも活動しました。トランプ大統領をおろすために中国政府は大いに力を注ぎました。

トランプ大統領の陣営は、ジョージア州などスイングステートと言われる州の不正選挙を暴くため、一生懸命公聴会を開いていますが、トランプ大統領の個人的な弁護士で、前のニューヨーク市長のジュリアーニ弁護士が、中国がばらまいたと確認された武漢肺炎のウイルスに感染したことがきのう発表されました。トランプ大統領は悲しんで、「彼はニューヨーク市長を務めた、アメリカの歴史上とてもすばらしい方です。早く回復して健康を取り戻してください」とツイートしました。

ジュリアーニ弁護士以外にも、ホワイトハウスでトランプ大統領を支援する人たちのほとんどが次から次へと武漢肺炎のウイルスに感染しました。中国政府のスパイがホワイトハウス周辺を狙ったのです。

アメリカの対中国戦の本気度は高い

武漢肺炎は、白人の全滅を狙った恐ろしい生物武器です。その証拠をアメリカ国家情報部が握っています。習近平に近い中国共産党幹部は今まで誰も武漢肺炎に感染していません。感染するのは中国の国民ですが、アジアの人たちは、感染しても、すぐ死ぬということはありません。それに対して、ヨーロッパ人やアメリカ人、つまり白人はすぐ死にます。中国共産党は昔から白人との戦いを意識してきました。今、世界各国の武漢肺炎の被害者は圧倒的に白人が多いです。アメリカのあちこちの病院では、次から次へと武漢肺炎による死者が出て本当に大変です。「死者の山」といった状態の中、病院で泣き崩れる看護婦さんも大勢います。

最近、中国でワクチンができ上がって、50万人ぐらいの中国人が注射しました。でも、実は中国のワクチンはワクチンではありません。ワクチンと称しているけれども、武漢肺炎と同様、生物武器なのです。その情報を手に入れたアメリカが「あれは生物武器です。ワクチンではありません」と発表しました。中国共産党は、ワクチンと称する生物武器を海外の人たちに接種させようとしています。海外の人たちは絶対にそれを使ってはダメです。

そんな状態ですから、武漢肺炎ウイルスの病毒を殺す前に中国共産党を全滅させないと、彼らはまた次から次へと生物武器を生み出します。だから、今回、アメリカは彼らを絶対許しません。トランプ大統領は、必ず中国共産党の軍事基地を全部爆破すると決心しています。3700カ所の人民解放軍の基地を攻撃するのと同時に、中国共産党幹部に対する斬首作戦も実施します。生物武器をつくった幹部を許しません。アメリカの国防省も、情報部の有名な方も、有名なジャーナリストも、みんなこのことを発表しました。

中国人の海外亡命

海外にいるたくさんの中国人の学者が、2021年の初めに米中戦争が勃発すれば、恐らく中国全土の70％ぐらいの地区で、泥棒、略奪、殺人などの反乱が起きると分析しています。

それは昔の歴史を見たらすぐわかります。中国の地方都市、特に田舎の農民たちは、食べ物も水も何もなくなれば、都市に押し寄せて、例えば日本のいい会社に勤めている日本人の家には食べ物がありますから、そういう家に押し入って泥棒したり略奪したり、さらには殺人を犯したり、そのような事件を必ず起こします。

中国全土の70％の地区で反乱が起きる中国大混乱の時期は大体3～5年続きます。中国の偉い人、おカネ持ちは、情報を手に入れるのが早いから、2019年から海外に亡命している人もいます。2020年の後半、涼しくなった9月ごろからは、カネ持ちたちが続々と海外にある自分の別荘や友人のところに逃げ出しています。今、北京や上海にはおカネ持ちはほとんどいません。

最近、日本にたくさんの中国人が入りました。日本だけではありません。ニュージーランド、オーストラリア、カナダなどに大勢の人たちが移動しました。みんな海外に逃げているのです。そのことは、海外にいる中国人学者のYouTubeで今たくさん報道されています。これからもし戦争が起きたら、もっともっと多くの中国人が海外に逃げ出すと思います。

急を要する日本人の帰国

今、中国国内にいる日本人には、「中国はいいです。私は死ぬまで中国にいます」と言ったりするような大分洗脳された人が多いです。でも、アメリカ大統領選が終わって2021年になると、いつ電撃戦があるかわかりません。

特に2021年の5月から中国全土で食べ物が不足します。そこにもし本当に戦争が起こったら、もっと大変です。中国全土の全ての空港が封鎖されて逃げられなくなると、食べ物はないし、水も水道管が爆発したら出ません。へんぴな田舎にはまだ井戸があるけれども、都会に住んでいる人たちは田舎に行けません。中国で餓死するおそれがあります。

とにかく戦争が始まったら、3～5年の間、中国は大混乱になります。中国人は「日本は悪い、悪い」と教育されていますから、混乱の中で共産党が何か反日テーマを持ち出す可能性も考えなければなりません。日本政府は、中国にいる日本人をあと2カ月以内、2021年の1月末ぐらいまでに帰国させるべきです。言うことを聞かない人はムリやり連れて帰るべきです。そうしないと、日本人の命を大変な危険にさらすことになります。アメリカ政府がムリやりアメリカ人を中国から連れて帰ったことには意味があります。後でアメリカ人はアメリカ政府に感謝すると思います。

日本にいる中国人亡命者は、中国の戦争難民を守るために、日本政府、日本人の協力で沖縄に土地を用意しました。おカネ持ちの偉い人は、東京や大阪に家を買って、大分前から日本に逃げています。日本人も、まず子どもさんとかご家族からでもいいので、早く日本に帰ってきてください。日本政府が動かないようなら、個人のケータイやeメールで中国国内にいる友人、団体に伝えてください。家も会社も要らない。命だけ持って早く中国から離れるよう皆さんに言いたいです。

対中電撃戦はアメリカの同盟国も協力

私も、お母さんと親戚がまだ中国にいるので、本当に心配です。ここ何日間かはいろいろ詳しく考えて眠れていません。郭文貴さんも、アメリカの対中電撃戦のことを聞いてから眠れないそうです。アメリカにいる中国人学者も、彼らの家族、親戚はみんな中国国内にいますから、同じように不安な気持ちで過ごしています。

家族、親戚が中国にいる人は、みんな普通のケータイではなくて、衛星電話で中国とやりとりしています。まず中国の親戚に連絡して、親戚から自分の友人に連絡します。特に軍事基地があるところにいる人は、早く連絡をとって田舎とか安全なところに移動してもらわないと間に合いません。中国と連絡できるように衛星電話を準備するといいです。中国のスマホは絶対ダメです。戦争が起こったら、まず中国の人工衛星が攻撃されますから、中国のスマホはほとんど使えなくなります。

アメリカが軍事行動を起こさないと、中国の習近平政府は最後、弱くなったら何をするかわかりません。また次の生物武器を持ち出してくるかもしれませんが、核武器を使う確率が高いです。中国の核攻撃を防ぐためには、まずミサイル基地を爆破しないといけない。アメリカは今その準備をしています。

2～3カ月前にアメリカ国務長官のポンペオさんが日本に来ました。その後は急いでヨーロッパ各国に行きました。ポンペオさんは、アメリカが中国と戦争を起こしたときに、どのぐらい軍隊を出すとか、おカネを出すとか、各国のアメリカへの協力の程度について詳しい情報を確認に行ったのです。アメリカの同盟国は、ヨーロッパのNATOも、アジアの同盟国も、みんなアメリカに協力して、今度、中国習近平政府と戦います。2021年の年初にはイギリスの空母がアジア側の太平洋に来ます。各国とも今、戦争の準備をしています。

その一方で、各国は中国にいる自国民の人たちの帰国を大分前から裏で進めています。会社を安値で売り、従業員たちを帰国させることを今現在、実施中です。日本の村田製作所は、広東省深圳にある会社を全部閉めて2020年の年末に帰ります。1500名ぐらいの中国人従業員はみんな実家に帰ります。

情報が早い人は2020年の9月ごろから帰っています。日本は多分情報が遅いと思います。だから、私たちは自分の力で、まず日本国内にいる家族に「もうそろそろアメリカが対中軍事行動を起こします。戦争が始まります。中国では社会混乱が3～5年間続きます。この中で命が危ないから、中国にいる日本人は早く帰ってきてください」と呼びかけています。そして、家族から直接、中国にいる娘や息子や孫に「早く帰ってきてください」と言ってもらいたいのです。

きょうお話ししたことについては、路徳社や郭文貴さんのYouTubeが中国語と英語で報道しています。続きの報道やもっと詳しいことを知りたい人で、英語や中国語がわかる人は彼らの報道を見てください。路徳社のYouTubeチャンネルは日本語も少しあるようです。ニコニコ動画でも写真や詳しいことを皆さんにご紹介します。

時間があまりありません。皆さん、中国国内にいる日本人を早く連れて帰ってきてください。日本政府にも同じお願いをします。日本の外交部も中国共産党の言うことを信じたらダメです。危ないです。私は対中電撃戦のことを2020年5月ごろに聞きました。報道が少なくて大変心配していましたが、この事実をやっと中国人の学者が報道しました。最近、特に先週から続々と報道があります。この番組を見ていただいている方はどんどん拡散してください。お願いします。

驚愕！ 中国軍が遺伝子操作のスーパー人間部隊を創設準備
共産党幹部の外国資産を凍結

2020年12月8日

超級改造人間による超級軍隊の脅威

12月4日か5日だと思いますが、ウォール・ストリート・ジャーナル紙にアメリカのジョン・ラトクリフ国家情報長官の発言が掲載されました。記事の中でラトクリフ長官は、アメリカの全国民に対して、中国に関する警告を発しました。

すなわち、北京の中国共産党政府は、世界各国を支配することを目指して、経済、軍事技術で次から次へと挑戦してくる。今や中国共産党は、アメリカ、ヨーロッパをはじめとする民主主義国家・自由主義国家の安全保障にとって、第2次世界大戦以降における最大の脅威となっている。現在、アメリカは、危険な存在と化した中国に全面的に打撃を与えるための準備を正式に整えたと警告しました。

経済面の脅威としては、中国共産党は、アメリカをはじめとする自由世界に多くの会社をつくりました。それらの会社は、名前だけで実体は何もない、スパイ活動を展開するためのニセ会社です。特にアメリカには国内の至るところに数多く中国のニセ会社が存在し、経済、技術、医療の各方面でアメリカの知識、情報を盗むべく、中国共産党のスパイが今も活動しています。これによりアメリカは毎年、5000ドル億以上損をしています。

軍事面の脅威としては、人間が一番最後に考えること、つまり人間として普通は考えられないことが人民解放軍で行われています。それは遺伝子操作で超級改造人間をつくる人体実験です。

超級改造人間は、武漢肺炎のウイルスにも感染しない、発砲されて弾が体に入っても痛くない、そのようなものすごく丈夫な体を持ったスーパーマンです。軍隊に入るとき、中国政府は入隊者一人一人について、民族、身長などの体格、遺伝子、血液型、全部を詳しく調査します。彼らを超級改造人間の兵士にして超級軍隊を編成することを目的に、例えば血液型がA型の人間はどういうふうに遺伝子を改造して体を強くするか、B型の人間の場合はどうするかといった人体実験が今現在、何回も繰り返されているのです。超級改造人間という生物武器を持つ超級軍隊。我々には考えられないことです。私はきのうこのことを聞いてびっくりしました。

アメリカの情報機関には、超級改造人間のつくり方、軍隊でどれぐらいの人間で試験したか等、全部の情報があります。ラトクリフ国家情報長官は、中国共産党が生物武器として武漢肺炎をつくったこと、そしてさらなる生物武器として超級改造人間の人体実験を繰り返していることに言及し、中国共産党と早く戦わないと、自由世界は大災難に見舞われる危険があるということも警告しました。

こうした発表をするのはかつては大体CIAでした。国家情報長官という国家の情報を統括するトップ、しかもウォール・ストリート・ジャーナルが発表するというのは、今までにないことであり、それだけアメリカ政府が中国共産党を危険視しているということです。私はラトクリフ長官の警告を講演会で発表しました。今、海外にいる中国人の学者のYouTubeとか、台湾のYouTubeとか、ネット上でも長官の警告がきのう、おとといからずっと発信されています。

中国共産党の底知れぬ恐ろしさ

以前アメリカに亡命した郭文貴さんが「2021年2月以降に戦争が起こる」と発表しました。

アメリカの国務院は、郭さんの発表は正しいとツイッターで認めました。路徳社も郭さんの話を報道しました。

2021年2月以降に中国と戦うというのは、中国の人民と戦うのではありません。電撃戦で、生物武器をつくる基地も含めて、中国共産党の全ての軍事基地を爆撃します。アメリカの国務院が郭文貴さんの話を認めたのは、「アメリカはそういうオプションを持っているぞ」という中国に対する1つの重大なメッセージです。

中国でクローン人間が誕生していたことが去年、報道されました。中国のネット上で多くの報道がなされ、中国ではみんな知っています。クローン人間は2人だったか、女の子で今も育てられています。彼らが将来、大きくなったら、親もいないし、どのような説明を彼らに対してするのだろうかと思ってしまいます。

人民解放軍は、お話ししたように、スーパーマンのような超級人間による超級軍隊をつくろうとしています。去年のクローン人間の報道からいろいろなことを分析すると、クローン人間は、超級人間・超級軍隊のための実験の1つだった可能性があります。国を守るためには軍隊を強くしなければならない。軍隊を強くするために、最初はクローンの子どもをつくり、そこから頑強な体を持つ大人、軍隊へと進めていくわけです。

人民解放軍の戦闘力を強化するために、何年も前から超級軍隊の創設を構想して、超級人間をつくる実験を行っている。このことを、報道された国家情報長官の警告が証拠づけています。中国の生物武器についての正しい情報はみんなアメリカ政府の手元にあります。そのことをマスコミも報道していません。

超級人間はもう完成しているかもしれません。中国共産党は人間ではないです。この先、彼らが何をするか、どんな生物武器をつくるか、誰も予想できません。本当に恐ろしいです。彼らを罰しないとダメです。アメリカが制裁しないとダメです。

アメリカのハイテク有名企業の売国

同じくアメリカの報道で、名前は明らかにされていませんが、ウォール街の有名な方、中国とつき合いのある方の話として、きのうアメリカの19のハイテク企業が掲載された名簿が公表され、海外のマスコミ、中国人のマスコミでも報道されました。

公表されたアメリカのハイテク19社は、オートデスク、デル、グーグル、ハネウェル、IBM、インテル、メリルリンチ、マイクロソフト、ナショナルインスツルメンツ、ロックウェル・オートメーション、シノプシス、テクトロニクス、テキサス・インスツルメンツなどです。

これらそうそうたる19の最先端技術企業は、20年前からでしょうか、クリントンの時代から今現在まで、中国人民解放軍の国防大学や、軍の武器を製造する会社と深いつき合いがあります。軍隊教育の共同プロジェクトもつくりました。そして、習近平の腹心の劉鶴と深い関係があります。アメリカはこの間、中国の軍事会社11社を制裁しました。今度はアメリカ国内の19社を制裁します。ニューヨーク・タイムズも、ウォール・ストリート・ジャーナルも、今までの反トランプの姿勢を少し変えました。少しトランプ側にすり寄ってきた感じです。変わらないとダメです。アメリカのハイテク19社は、中国共産党、人民解放軍の武器を支えています。人民解放軍の軍事会社及び国防大学と二十何年間の交流があり、合弁会社もつくっています。これは恐ろしい売国です。制裁しなければ、アメリカの国家が危ないです。

全人代常務委員会の副委員長14人に対するアメリカの制裁

おとといアメリカの財務省が新しい制裁リストを発表し、それを中国人の学者がきのうネットで取り上げました。その新しい制裁リストに載ったのは、14人の中国人です。中国では毎年3月ごろから全国人民代表大会（全人代）が開催されます。リストの14人は、全人代の常務委員会の副委員長を務めています。全人代3000人の中の14人であり、中国共産党の幹部たちです。委員長は大分前に制裁したと思います。今回は副委員長14人を制裁します。ニコニコ動画でその14人の名前と写真を紹介しています。

制裁によって、本人及びその家族は、日本やイギリスなどアメリカの同盟国にある資産はもちろんのこと、海外にある全ての資産を没収されます。銀行口座も凍結されます。現在の香港特別行政区行政長官の林鄭月娥は、香港の銀行の自分の口座からおカネをおろすことができません。香港で自分の口座を使えない。銀行がないのと同じです。14人も同じ状態になります。さらに、おととい アメリカが制裁を発表して、きょうから14人については本人も家族もアメリカへの入国が禁止されます。アメリカへは二度と入国できません。もし親戚が入国していたら、ビザが切れる前に出国しないと逮捕されます。このように結構厳しい制裁内容になっています。

14人の副委員長は、香港の基本の法律に違反しました。香港には前に中国と決めたいろいろな法律があるのですが、それらを今の中国政府は全部無視しています。中国とイギリスの共同声明もありますが、その声明は1枚の不要な紙として捨てられました。今、香港に自由は何もありません。中央政府（中国政府）の言うことを守らないということで、この間、香港の有名な民主活動家の3人が逮捕されました。ほかにも多くの民主活動家の香港の人たちが次から次へと逮捕されています。今回、アメリカが14人の副委員長を制裁するのは、そうした香港における人権弾圧に対する報復です。

重要情報　中国国家安全委員会 トランプ大統領とリン・ウッド弁護士らの暗殺を指令

2020年12月9日

中国共産党、トランプ大統領、リン・ウッド弁護士らに暗殺指令

きょうは、アメリカのことと中国のことを皆さんに紹介します。

まず、アメリカのことです。

きのうも、アメリカの郭文貴さんのYouTubeや、中国人学者のホームページの路徳社で、大事なことを話していました。

郭文貴さんの話では、最近、中国共産党の国家安全委員会が会議を開いて、最近は中米関係がものすごく悪くなったけれども、悪いのはトランプとリン・ウッド弁護士、ジュリアーニ弁護士、中国人学者などの路徳社のトップと郭文貴だから、これから暗殺しないといけないと、国家安全委員会のトップが会議で発表しました。

どのような方法で暗殺するか。この間、武漢肺炎のウイルスをばらまいて、トランプ大統領とそ

の家族が全部感染しました。また、ニューヨークに20倍ぐらい濃いウイルスをばらまかれてジュリアーニさんは現在入院中ですが、アメリカの薬が効いて、多分来週退院する予定です。病院から郭文貴さんに、「大丈夫です。退院したら中国共産党独裁政治と続けて戦います」というeメールを送りました。

中国共産党の国家安全委員会の暗殺チームをアメリカに派遣する可能性もあります。それとも生物兵器で攻撃するかどうか、とにかくトランプ大統領とリン・ウッドさんと路徳社の路徳さんら数人が暗殺リストに入りました。この情報は、アメリカの情報部にも確かに入りました。

最後にはアメリカは習近平政府と戦います。来年、アメリカと同盟国の軍隊が中国に戦いを挑むという情報が、中国政府に最近入りました。中国中央テレビでは、専門家をたくさん呼んで、どういうふうに反撃するか討論会を行いました。中国中央政府の軍事チャンネルというテレビ番組があって、その8チャンネルか6チャンネルぐらいで軍事の専門家たちの討論会がありました。

郭文貴さんの発表では、まずアメリカは、人工衛星、パソコン、携帯電話、電磁波などの通信系統を全滅させるまで、攻撃します。その後は全国の3700カ所の軍事基地を攻撃します。その次に核兵器搭載の原子力潜水艦とかミサイルを全部潰すまでやります。

アメリカは軍事基地を攻撃する前に、どこにその基地があるか皆さんに教えるので、基地の周りの人たちは早く逃げてくださいと発表します。特に生物兵器の基地は危ないので早く逃げてくださいと、郭文貴さんは中国国内の友達に毎日毎日一生懸命連絡しています。また、路徳社のマスコミも、中国国内向けに毎日放送しています。

中国人民解放軍は大丈夫です。戦闘力はほとんどないです。一人っ子政策で、田舎から都会に来た子が多いです。

あとは空軍の偉いさんのリストが、今、全部アメリカの手元にあります。特に生物兵器研究の人民解放軍の研究員を全部潰すまでやります。

その後は、電気も水道も食べ物も何にもなくなります。郭文貴さんなどの海外のたくさんの民主活動家とかの人たちが中国国内に連絡して、戦争が始まったら大混乱になるので、今のうちに少なくとも2～3年間分の食べ物を準備してくださいと言っています。

日本とか韓国に戦争難民がたくさん入ってきたらどうしますか。各国から援助するとか、泊まるところ、ご飯を用意しないとダメなので、このような対策をどうするか。

今、中国人学者とか、民主活動家が海外にいっぱいいるので、各国の人たちに、それらの準備をしてくださいということも発表しました。

また、アメリカの人工衛星攻撃で中国の衛星電話は一切使うことができなくなって、何にも連絡できなくなります。日本の人工衛星は中国と別なので、通信ができます。それで、アメリカとかほかの国の中国が入れない衛星電話を準備してくださいと、2～3日前に中国国内のたくさんの友人たちに教えてあげました。

アメリカは、まず中国の人工衛星を攻撃して、次は中国国内の核兵器のある軍事基地を攻撃します。そのときはヨーロッパのイタリアとかイギリスとか、日本、韓国などのアメリカの同盟国の軍隊も一緒に中国と戦います。

ロシアでも生物兵器による武漢肺炎で死者がいっぱい出たので、今回はプーチン政権も一緒に戦います。

郭文貴さんは、第3次世界大戦は生物兵器の戦争だと言っています。それが今年の4月ごろから始まりました。

中国国内の人々は、まず食べ物の準備をしないといけないです。道路も破壊される。石油もない。電気関係のものは全滅状態なのでエレベーターも使えない。このことは郭文貴さんのYouTubeで、中国語と英語で報道中です。皆さん、もしよかったら見てください。

郭文貴さんは、ネットで探したら、すぐ出てきます。彼も眠れなくて、最近は毎日報道していて、時々は1日に2回も3回も情報を発信しています。

中国共産党の長期戦の生物兵器戦争が始まりました。中国人の被害者だけじゃなしに、これからも全世界に被害者が出てきます。だからアメリカも決心して、世界のために、これから反撃が必ず始まります。このことは郭文貴も発表しました。

今一番怖いのは、習近平政府が原子爆弾を先に使う確率が高いことです。また、遺伝子を改造した人造人間による強力な部隊をつくろうとしています。これはアメリカは絶対許しません。

武漢肺炎は白人を狙った生物兵器

新疆ウイグル族の人たちは、大学に入る前に、身長、血液型、家族に病気があるかどうかなど、詳しく調べられます。ウイグル族の遺伝子と漢民族の遺伝子は違うから、肝臓や腎臓などの臓器を移植するときに、漢民族とウイグル族の臓器は合わないからです。それで中国政府は、最近は刑務所の中で全部詳しく調べています。

ウイグル族は白人とよく似ています。漢民族は黄色人種です。日本人も黄色人種で似ていますが、漢民族よりも色が白いです。漢民族は本当に黄色です。チベット人は漢民族より皮膚が黒っぽい人が多いです。このように民族によって違いがあります。

中国政府は白人向けの生物兵器を研究しています。今回の武漢肺炎のウイルスは、白人の死者が多いです。それがわかったアメリカは、先に反撃しようと中国と戦います。

郭文貴さんの話では、生物兵器の情報も、大分前からアメリカに入っていました。トランプ大統領も就任してからそれを知りました。アメリカは4年前から中国と戦う準備していて、軍事会社は24時間操業で一生懸命武器をつくっていたそうです。

中国共産党を潰さないと、世界の将来は大変なことになります。それで、海外にいる我々のような中国人学者や民主活動家は、真実の情報を国内にたくさん紹介します。

来週ごろから、3700カ所の軍事基地の場所とか規模、どのぐらい武器があるとか情報が入ったら、詳しいことをすぐ皆さんに紹介します。

中国では、身分証明書を見せないと包丁も新幹線の切符も買えない

その次の報道です。

ネットで中国のスーパーの写真を見ると、大勢の人のこのような行列ができています。今現在、中国のスーパーでは、政府の規制で砂糖は1人4袋、つまり4キロしか買えません。それ以上欲しいときは、自分の住所、名前、電話番号などが記載された身分証明書を見せて、なぜいっぱい買うのか説明しないとダメです。なぜかというと、5キロ以上の砂糖は火薬の原料になるからです。

それだけじゃなしに、包丁も小さいナイフも、身分証明書を見せて、例えば李さんとか、その家の主人の名前も書かないと買えません。

アメリカでは自分を守るために銃を買います。偉いさんはガードマンを雇えますが、中国の普通の人は、もし騒動が起きたりしたときに自分を守るために包丁を買います。包丁は武器になるので、内乱とか暴動が起きるのを恐れて、中国政府は慌ててそういうことをしているわけです。

また、日本では新幹線の切符はどこでも自由に買えますが、最近、中国では身分証明書を見せな

いと買えません。前よりものすごく厳しくなったということが、2〜3日前に発表されました。

きょうの報道はここまでです。ありがとうございます。

ジュリアーニ弁護士が回復！　退院へ
米国家情報長官がバイデン当選を否定

2020年12月10日

ジュリアーニ弁護士がコロナから回復して退院

きょうは、中国のこととアメリカのことを皆さんに紹介します。

まず、前ニューヨーク市長で、今はトランプ大統領の弁護士のジュリアーニさんのことです。

ジュリアーニ弁護士さんは、12月8日、アメリカのラジオ局のWABCのインタビューで、記者たちから「今、体は大丈夫ですか」と聞かれたときに、「体の調子はよくなりました。咳は少しありますが、熱はないです。症状がほとんど消えたので、そろそろ退院します」と答えていました。

ネット上でこのニュースが流れて、みんな安心しました。

ジュリアーニさんは「入院していたときも毎日散歩していたし、回復がものすごく早いです。トランプ大統領は3日間ぐらいで退院しましたが、そのお医者さんが同じ方法で私を治療してくれて、私も3日間の入院で、明日、退院しますので、また仕事を頑張ります」と言っていました。全世界の人たちが心配していたので、そのインタビューを聞いた人たちはうれし涙を流しました。

さすがにアメリカの医療はすばらしいです。年だから危ないのに、こんなに早く助けてあげたから、うれしいです。きのう、ネットにこのニュースが流れたら、うれしいという書き込みがいっぱいありました。

ジュリアーニさんは、去年から、「私はおカネは一円も要りません。新中国連邦の顧問になって、皆さんと一緒に中国独裁政府と戦います」と発表しました。ジュリアーニさんが入院したときは、新中国連邦の人たちはみんな涙ボロボロで、すごく心配して、早く回復してくださいと祈ってました。ジュリアーニさんは本当にすばらしい弁護士さんなので、元気になってよかったです。

アメリカのあちこちにいる中国のスパイは何をするかわからないので、これからは本当に注意しないとダメです。中国の中枢部からはトランプ大統領を初めジュリアーニさんの暗殺命令まで出ていました。リン・ウッドさんとか女性弁護士さんとか、トランプ陣営の人とか、ほかの応援者の人たちも、暗殺に気をつけないといけないし、いつ次のウイルスをばらまかれるか、本当に危ないです。

バイデンさんはまだアメリカ大統領ではない

アメリカ合衆国の国家情報長官のジョン・ラトクリフさんは、12月6日にＦＯＸニュースのサンデーから取材を受けて、本当にバイデンさんは当選したかどうかと聞かれて、バイデンさんは基本的に大統領に当選したことはないと言いました。

アメリカの大手マスコミは世界中に「バイデン当選」と報道しましたが、不正選挙とか詐欺とか改ざんとか、まだたくさんの州で問題があるので、これらの問題を解決しなければなりません。それが解決した後で、最高裁判所が本当の大統領を決めるのです。今現在、まだ裁判所で審理中です。それが終わるまで、誰が勝つか負けるかはわかりません。だから、バイデンさんはまだ当選していないのです。大手マスコミが宣伝しているだけです。

バイデンさんはまだアメリカ大統領に決まってないとジョン・ラトクリフさんが6日に発言したことは、たくさんの国の放送局も報道しました。これは事実ですから、日本でもこれから報道されると思います。

習近平の腹心で経済顧問の鄭永年教授のセクハラ疑惑

次に、中国のことを皆さんに紹介します。

習近平の腹心で経済顧問の鄭永年教授は、シンガポール国立大学東アジア研究所の所長のときに、6人の女性職員や女生徒から、セクハラやパワハラで訴えられました。そのニュースは、最近、ネット上にいっぱい上がっていて、特にアメリカでは報道中です。

このセクハラは、最初は2人の女性がシンガポールの警察に届け出たのですが、シンガポールの有名な弁護士さんは、最近、6人の女性が相談に来たと言っていました。セクハラの内容は、体のあちこちをさわったとか、無理やりセックスをしたということです。その後、シンガポールの新聞も報道しました。警察は、去年、鄭教授に注意してくださいと警告を発しました。ネット上でも書き込みがいっぱいあります。

それで鄭教授は香港に逃げました。習近平政府は、これはよくないと考えて、去年の9月、広東省深圳市にある香港中文大学の部長にしました。これは前より高い地位です。シンガポールの被害者の女性たちは、セクハラの犯罪者を中国の大学の部長にするなんてということで、みんな腹を立てました。

6人の女性は弁護士さんに、この教授をシンガポールに呼んで裁判をしたいと言ったけれども、習近平政府に連絡しないとダメとかいうことで、今、相談中です。被害者の意見と習近平政府の意見を聞かないと結論を出すのは早いということで、現在検討中です。

6人の女性全員が証人として名乗り出て訴えたら、裁判になるし、犯人はシンガポールに行かないとダメです。教授は習近平の経済顧問なので、彼をシンガポールに呼ぶかどうかは習近平政府にとって大きな問題です。

中国共産党の偉いさんは、みんなメチャクチャです。人格ないです。愛人もいっぱいいます。特に習近平政府の偉いさんは、アメリカだけで600人以上の愛人の子どもが住んでいます。習近平も同じです。海外に3人の愛人がいて、子どもが3人います。3人の子どもはお母さんの苗字なので、全部違います。みんなそうなので、習近平政府では、それは恥ずかしいことではなくて、うれしいことです。

シンガポール政府がどうするか。裁判をするのか。新聞も報道したし、ネット上でも大騒ぎになりました。習近平がどういうふうに結論を出すか。

きょうの報道はここまでです。また明日、よろしくお願いします。

米司法省バイデンの息子の捜査を本格的に開始 習近平大慌てで戦争と避難準備

2020年12月11日

米司法省と歳入庁がバイデンの息子の捜査を本格的に開始

きょうはアメリカのことと中国のことを皆さんに紹介します。時間があればパキスタンのことを紹介します。

民主党のバイデンさんの息子のハンターに対する司法省と歳入庁の調査が始まることが、きのう発表されました。ハンターは十数年前から中国のファーウェイの顧問で、不正なおカネをいっぱいもらいました。また、ウクライナの会社からも不正なおカネをいっぱいもらいました。

その税金の問題で9日から調査を始めると連邦検捜査局が発表したと、内国歳入庁とFBIの協力を得て、CNNが一部報道しています。

この疑惑について、ことしの10月ごろにニューヨークタイムズが少し報道したことがありますが、本格的調査がきのうから始まりました。多分たくさんの情報が、FBIとか司法省の手元に入ったと思います。今、ハンターがどのような状況かはわからないです。このことは、アメリカにいるたくさんの中国人のマスコミも報道しました。

習近平大慌てで戦争と避難準備

中国政府はだいぶ前から戦争の準備をしていると、きのう、新中国連邦の郭文貴さんがYouTubeで報道しました。

中国共産党の幹部たちは十数年前から戦争になったら逃げる準備をしていて、山奥の誰も知らないところに安全なベースをつくりました。共産党の幹部たちには情報が早く入ります。多分日本人は知らないでしょうが、中国は広いので、そこには車で何日も走らないと行けません。その場所は共産党幹部しか知りません。そこに至る道は、普通の人が入らないように、前は警察が守っていましたが、今は銃などで武装した特殊部隊が警備しています。

その1つは江西省の山奥にありますが、共産党幹部の家族のために何万軒もの家を建てました。それは国民が考えられないほど豪華な家で、防弾仕様になっています。

そこには食料とか生活に必要なものは全部そろっています。医療設備もあって、手術もできます。水は井戸水で、電気は自然を利用して発電した電線の要らない電気です。通信設備があったらすぐ見つかるので、通信設備はありません。もし戦争が始まったら、たぶん彼らは特別の無線電話を使います。

習近平はバイデンさんが頼りでしたが、今はバイデンさんがダメみたいなので、避難の準備が始まりました。スパイがアメリカにいっぱいいるので、情報がすぐ入ってきます。

12月9日の「人民日報」によると、各部隊の司令官の会議を急いで開きました。そのとき、習近平は、今一番重要なことは本格的に軍事訓練をして、戦争の準備をしっかりしなければいけない、例えば敵が前にいたらどういうふうな作戦で戦うとか、アメリカの戦闘機が来たらどういうふうに反撃するとか、実戦訓練を始めるように指示しました。中国はよほど怖いのだと思います。かなり慌てて戦争の準備をしています。

昔は、例えば戦車訓練のときは、人民解放軍の兵士たちはちょっとだけ訓練すると、あとは食べたり飲んだりして、燃料のガソリンを農民に半分売ってから帰ります。お偉いさんは、ガソリンが半分に減っているので訓練したと思っています。考えられないでしょう。習近平をだましていたんです。

だから、アメリカにたくさんいる中国人学者の専門家は、人民解放軍は戦闘力がないと言っています。本格的に戦争が始まったら中国は負けます。

本当に戦争が始まります。中国は必ず勝たなければなりません。だから、人民解放軍は真剣に訓練しないとダメ、しっかりしてくださいという習近平の命令を、12月9日に報道しました。

中国語がわかる人は、「人民日報」を調べてください。習近平の話をいっぱい発表しました。

フリン元大統領補佐官がツイッターで戒厳令発動をトランプ大統領に呼びかけ

12月8日に、前のアメリカの国家安全保障問題担当大統領補佐官のフリン将軍がツイッターで、大統領選挙の投票については詐欺とか改ざんとか法律違反が行われたので、早く戒厳令を発動して再投票するようにしてくれと、トランプ大統領に呼びかけました。

中国の指導者たちは私たちアメリカ人の自由を略奪するつもりだから、そのことを避けるために、米国憲法を一時期停止して戒厳令を発動して、軍隊が監視してもう一回投票を行ったほうがいいんじゃないかと言っています。トランプ大統領はまだ何も発表していませんが、これから発表すると思います。

このことをアメリカにたくさんいる中国人学者のネット上で報道しました。

我々は、神様以外はアメリカの自由を決して中国共産党に取られないように頑張ります。中国共産党に絶対にひざまずいてはいけません。

パキスタン女性が中国人男性のお嫁さんとして売られている

最後に少しだけ、パキスタンのことです。

アメリカ国務省に宗教の自由を守る国際的な組織があります。アメリカの人権活動家は、パキスタンのヒンドゥー教徒とかキリスト教徒の貧しい家庭の女性629人が、2018年ごろから2019年の6月までに中国人男性のお嫁さんとして売られていると報告しました。

そのパキスタンの女性は、「私たちは家が貧乏で、どのくらいおカネを渡したかははっきりわかりませんが、人身売買で組んでいるパキスタン人と中国人が私たちのお父さん、お母さんにお金を渡しました。そして、私たちは何にも知らないうちに中国に連れていかれて、中国人男性のお嫁さんになりました。話は何にも通じないし周りに友達は1人もいないので淋しいし、男性から時々虐待を受けたり、売春をさせられたりしました」と話していました。

パキスタンだけではなくてインドの女性たちも、中国人男性のお嫁さんとして売られました。

十数年前から中国人男性はベトナムやミャンマーの女性をお嫁さんにもらっていましたが、パキスタンと中国は仲がいいので、最近はパキスタンの女性がいっぱい中国に売られて中国人男性のお嫁さんになっています。今、中国では独身男性が5000万人ぐらいいてお嫁さんが足りないから、こういうことはこれからますますふえる確率が高いだろうと報道されていました。だから、ベトナムとかミャンマーとかフィリピンとかパキスタンとかインドの女性たちは、本当に危ないです。大変です。

去年、パキスタン警察が人身売買組織を摘発して、中国人男性がいっぱい逮捕されました。その写真はニコニコ動画で皆さんに紹介します。

きょうの報道はここまでです。また明日、よろしくお願いします。

習近平・核戦争を準備 米・中国共産党を〝国際犯罪組織〟認定へ

2020年12月12日①

米政府、中国共産党を国際犯罪組織と認定へ

きょうはアメリカのことと中国のことを皆さんに紹介します。

まずアメリカのことです。きのう、海外にある中国人のたくさんのホームページとかYouTubeで、アメリカ政府は中国共産党は国際犯罪組織だと認定すると決めて、現在はトランプ大統領のサイン待ちで準備は全て完了した、サインしたらすぐ発表すると報道しました。

認定されたら、アメリカの同盟国も含めて、共産党幹部の2号さんとか3号さんとか4号さんとか家族が海外に持っている財産、会社の財産、不動産も含めて全部没収するということも発表しました。あと2～3日です。情報が入ったら、皆さんにすぐ紹介します。

ポンペオ国務長官、NATOとアメリカは一緒に中国と戦うと発言

路徳社が報道した、きのうのアメリカのポンペオ国務長官の話です。今、NATO（北大西洋条約機構）は、中国共産党からの被害、例えば、ネットなどのいろいろな通信に対して宇宙からの妨害がますますひどくなっています。

これからNATOはアメリカと一緒に中国と戦います。NATOは昔はロシアと戦っていましたが、今現在は、プーチン大統領もアメリカと一緒に中国と戦います。これは昔と全然違います。中国はロシアのすぐそばにあるから、ロシアものすごく危ないです。ロシアも、それがわかってきました。これも路徳社で報道中です。

ポンペオさんは「私たちは我々自身を守るために責任を持ってやらないといけない。今、中国の経済はダメで、食べ物とか何もないです。それで中国共産党はそろそろ自然崩壊するけれども、私たちはそれを待っていられないです。例えば、あなたの体にガン細胞があったら、それが拡散しないように手術しなければなりません。ガン細胞が広がったら人間の命は終わります。今、やらないと、アメリカは数年後には本当に危ないです。だから、これから中国と戦います」と発表しました。

中国も核兵器で徹底抗戦するだろう

中国も、死ぬまで徹底的にアメリカと戦います。習近平主席は、たぶん明日かあさって、中国の核兵器研究院に視察に行って、いろいろなことを聞きます。

また、中国国内にいる1人の普通の人からの情報として、今現在、四川省の広元から毎日、特別の軍車で武器をほかのところに運び出しているのが見えると、路徳社が報道しました。

きのうの「大紀元時報」は、四川省成都市から市民たちが逃げ出し始めていて、その車で高速道路が朝から晩までラッシュになっている映像を報道しました。そこは結構山の中で、核兵器がいっぱい保管されている場所です。私もその映像を見ましたが、皆さんもよかったらYouTubeで見てください。

きのうの台湾の東森新聞は、人民日報系列の「環球時報」編集長の胡錫進さんが「もし米国軍隊が南シナ海の中国の軍事基地を攻撃したら、中国は核戦争を発動する」とはっきり発言したと報道しました。

ほかの武器でアメリカと戦ったら負けるのを中国共産党はよく知っているので、核兵器を使います。周恩来時代の中国は「私たちは核兵器を持っているけれども、使わない」と言っていましたが、習近平は使うでしょう。

今、準備中で、核兵器を一生懸命運んでいます。もし使ったら、世界はどうなると思いますか。本当に恐ろしいです。アメリカも準備をすると思います。どういうふうに中国の核兵器を止めるか、たぶんアメリカも同じように研究中だと思います。

このようなチンピラの国は、何を使うかわからないです。生物兵器を使って、今度は核兵器を使います。人間じゃないですよ。

アメリカ軍隊の偵察機が、福建省まで約50海里の上海のあたりで偵察飛行をしています。そのことも東森新聞が発表しました。

バイデンさんの弟のフランシスさんをFBIが捜査中

バイデンさんの息子のハンターさんは、中国から不正なおカネをいっぱいもらいました。今度はバイデンさんの弟のフランシスさんが犯罪に巻き込まれて、今、FBIに捜査されています。これはきのうの報道です。フランシスさんは74歳~75歳ぐらいだと思います。

きょうの報道はここまでです。ありがとうございます。

カナダが秘密裏に人民解放軍を国内で軍事訓練 中国・200万人のDNA改造人間部隊を建設中

2020年12月12日②

カナダで秘密裏に6万人以上の人民解放軍が軍事訓練

きょうは、皆さんに国内外のニュースを紹介します。

まず、カナダのことを紹介します。

今まで6万人以上の中国人民解放軍が次から次にカナダ国内に入って、軍事訓練を行っています。びっくりしました。カナダは寒いので、その中でどういうふうに敵と戦うのか教えてあげています。カナダ国防省もたくさんのカナダ人も反発しましたが、トルドー首相は賛成しているので、どうしようもないです。トルドー首相は頭がおかしいです。

そのことは、海外にある中国人学者のネットとかYouTubeとか、いろいろなところで報道されました。

カナダの外交官が中国で逮捕されて人質になった事件がありましたし、去年もカナダ人が1人か

2人、人質になりました。そんなことも考えないで、なぜカナダの軍事技術を中国人民解放軍に教えるのか、結構質問が多いです。トルドー首相は「ほかの国から反発はない。アメリカのトランプ政権が反発しているだけでしょう」と言うけれども、トルドー首相のほうがよほどおかしいですよ。人民解放軍は、カナダの基地や大学の寮に泊まります。大雪の中でどういうふうに作戦を実行するか、カナダの軍隊が人民解放軍に一生懸命教えている映像を見て、私はびっくりしました。敵国に一生懸命教えてあげているのです。この映像を見た人たちは、みんなメチャクチャ怒りました。34ページぐらいの秘密文書がアメリカの手に入って、それを全部ネット上で発表しました。カナダ政府のやり方に、各国政府はとても反発しました。特にトランプ政権は、ものすごく反発しました。

みんな心配しています。カナダの軍事基地とか国防的に大事なことを中国共産党のスパイに盗まれる確率が高いです。

特に、今度の訓練には人民解放軍のものすごい強い部隊が参加したということも報道されました。人民解放軍の肩に星のあるような偉い人もいっぱい参加してカナダに教えてもらって、いろいろ交流がありました。これまで延べで6万人以上ですよ。カナダ政府は一生懸命教えてあげて、意味わからないです。おかしいです。

今、中国はインドと寒いところで戦争をしているのですが、人民解放軍は寒いところでの戦争の経験がないから、カナダに頼んだわけですね。トルドー首相はバカだから、寒いところで戦う技術を一生懸命教えてあげている。

アメリカの公文書は、英語ですが、ネット上に公開されているので見てください。本当に腹が立ちます。トルドー首相は、本当に頭がクルクルパーだと、海外にいるたくさんの中国人学者たちはみんな怒りました。なぜ訓練技術とかいろんなことを人民解放軍に教えるのか。おかしいですよ。人民解放軍は、訓練した部隊をチベットあたりのインドとの国境線に派遣する確率が高いです。本当に危ないです。トランプ大統領はものすごく反発したけれども、トルドー首相は聞かないです。

そのこともきのうの海外にある中国人のネット上にいっぱい報道しました。

遺伝子改造した200万人の人民解放軍は世界最強の軍隊

次に、10日の東森新聞のYouTubeで報道していたニュースです。

アメリカ国家情報長官のジョン・ラトクリフさんの話として、中国人民解放軍は、遺伝子改造した200万人の兵士をつくって、2035年までに世界一強い軍隊になると発表しました。これを聞いたときは、私もびっくりしました。今、改造中です。

それから、中国は超音速戦闘機のエンジンを開発していて、でき上がりました。中国にはウクライナやロシアなど各国の専門家が何百人もいます。そのエンジンはアメリカにもないです。それができたら、世界中どこでも攻撃できます。2030年前後には、中国の軍事力はアメリカより上になります。だから、習近平は自信満々で、中国外交部はあちこちにきつい言葉を発表しています。アメリカは、今のうちに軍事行動を起こさないと危ないです。間に合いません。中国に後れをとります。今現在の中国の軍事力は、アメリカとあまり変わらないです。

ロシアは、前は強かったけれども、今は10番目になりました。ロシアの国の予算はブラジルやイタリアとあまり変わらないです。だから、遺伝子改造した人民解放軍はとても恐ろしいです。

中国人民解放軍の具体的計画についての詳しい情報は、アメリカの国防情報局に全部入っています。それでアメリカ人はやっと目が覚めました。

中国共産党は、アメリカを支配するためにアメリカと戦います。アメリカは潜水艦とか戦闘機の核兵器の技術を盗まれました。それで、この10年の間に中国の海軍、空軍はますます強くなって、今は世界で一番強くなっています。

来年までに中国の軍隊を全滅させないと、2030年にはアメリカは終わります。アメリカを全滅できる軍隊が中国にできたら恐ろしいですよ。

このことも東森新聞のYouTubeで発表しました。

トランプ政権は、人間の遺伝子改造をすることは許しません。恐ろしいですよ。40年前の人民解放軍と今の人民解放軍は比べものにならないです。40年前の毛沢東時代は何もなかったけれども、今は世界第2位の軍事力を持っていて、国防予算も毎年ふえています。

海軍だけで200万人を遺伝子改造していますが、陸軍とか空軍でも進めています。

また、宇宙開発も進めています。本当に2030年前後にはアメリカの軍隊は負けます。そのときはもちろん台湾も終わるし、アメリカも世界中も終わって、中国共産党だけ残ります。今のうちに人民解放軍の基地を潰さないと、未来の希望がありません。人類が絶滅する可能性もあります。

遺伝子改造した兵士は、生物化学兵器にもかからない抗体を持っていたり、負傷しても痛みを感じなかったり、早く治るようにつくられています。そういう強い軍隊をつくろうとしています。アメリカも人民解放軍についてはとても心配しています。

このことも報道したので、皆さん、後でゆっくり東森新聞のYouTubeの英語版を見てください。今も報道中です。

ベネズエラのマドゥロ大統領を米特殊部隊が拘束

次に、ベネズエラのことを皆さんに紹介します。

オーストラリアのリーリーさんという方が、アメリカにある中国人民主活動家のネットワークに上に、アメリカはベネズエラのマドゥロ大統領を逮捕したけれども、まだ公にしていないと発表しました。

私がほかの情報をネットで探したら、絶対に逃げられないところに閉じ込めてあるという報道もありました。現在、逮捕したとか閉じ込めたという事実はアメリカはまだ発表していませんが、あと1週間前後で恐らく発表すると思います。

今回の大統領選で使われたドミニオン集計機はベネズエラが関係していると言われています。

そのほかにも、イランと組んでいるとか中国と組んでいるとか、いろいろなことがあるので、トランプ大統領はマドゥロ大統領を絶対許しません。それで、アメリカの特殊部隊が秘密裏に動いて捕まえて、絶対逃がさないように閉じ込めました。

アメリカは、中国と来年戦うために、アメリカの一番強い82空挺部隊と空母艦隊が開戦の準備をしています。空挺部隊を派遣するのは普通と違います。写真がいっぱいあります。ニコニコ動画で皆さんに詳しいことを紹介します。このこともアメリカの中国人学者のたくさんのネットで報道中です。

きょうはここまでです。ありがとうございます。

NATOが中国を警戒　米と共同で中国包囲網を構築中
英空母は日本に駐留　仏空母がグアムに

2020年12月14日

台湾の東森新聞の YouTube の報道

きょうは、きのうの台湾の東森新聞の YouTube の軍事ニュース報道とアメリカのことを皆さんに紹介します。

中国本土の中央テレビの軍事チャンネルは、現在、米国はグアムに新しい基地を建設していて、西太平洋に大規模な軍事行動を発動すると報道しました。中国はアメリカの軍事行動は毎日監視しています。よほど怖いのでしょう。

また、中央テレビは、オーストラリアのマスコミの報道を引用して、オーストラリアは米国の第一艦隊の重要な基地になる確率が高いと報道しています。今、オーストラリアがお金を出して、アメリカがいろいろ技術を出して、射程1600キロの超音速ミサイルをつくろうとしています。それは習近平政府にとってものすごく脅威なので、とても警戒しています。

その後の東森新聞の報道ですが、今、中国の軍事力は、ヨーロッパに対してものすごく種類があります。NATOの報告書によると、中国は現在、たくさんのお金を出して新型武器をつくろうとしていて、それができると、北極からアフリカ、ヨーロッパ、大西洋からロシアまで脅威がありますす。ロシアは現在も危ないですが、中国の軍事力が大西洋まで延びると、地中海全域に脅威が及びます。

中国の1万キロまで届く長距離ミサイル、核兵器、新型戦闘機、そろそろでき上がる3つ目の国産空母、核潜水艦など、とても脅威があります。それでNATOは、私たちはこれからオーストラリアと共同しないといけないと発表しました。ロシアも同じように、中国の軍事力は一番の脅威だと言っています。

また、イギリスの空母クイーン・エリザベスも、そろそろアジアに来ます。その空母は、日本の横須賀基地、佐世保基地、岩国基地、沖縄基地と約束しました。特にイギリスに対しては、沖縄基地のF－35B戦闘機とか空母の修理を三菱重工に任せると約束しました。

中国は「東風21」を改良して空母を狙える弾道ミサイルの開発に成功しました。これも怖いです。中国はおカネをつぎ込んで軍事力を増強しているので、ヨーロッパも本当に危ないです。オーストラリアとかアメリカと共同しないと守れないです。

アメリカの反撃も始まります。この間、米国のインド太平洋司令官は、中国の軍事力がものすごく発展して、アメリカの空母艦隊に対する中国の弾道ミサイルの脅威がものすごくあると発表しました。

東森新聞は、これからアメリカは歴史上一番強い同盟をつくると発表しました。アメリカだけでは無理なので、アメリカ、イギリス、フランスなどのNATO、日本、オーストラリアの連合国軍で中国共産党と戦います。これらの国は全部中国の脅威にさらされています。ロシアもそろそろ入ると思います。

東森新聞のYouTubeの報道です。

マレーシアとシンガポールの間に、イギリスが昔建設したマレーシア軍の北海基地があります。マレーシア独立後、イギリスはこの基地をマレーシアに渡しました。そのときの契約で、戦争が起きたときにはイギリスやその同盟国の空母や軍艦を停泊させることができるので、その基地を整備して使います。

また、たぶん来年、日本、アメリカ、フランス、3カ国で、日本の南方にある無人島海域で共同軍事演習をします。現在、フランスの空母シャルル・ドゴールは、アメリカのグアム基地にずっと停泊しています。それも私はびっくりしました。

また、これからドイツの軍艦も太平洋やインド洋に来ます。

トランプ大統領の訴えを米最高裁は却下

トランプ大統領は選挙に不正があったとしてテキサス州など4州を訴えましたが、最高裁判所は受け取りませんでした。それで、12月11日のツイッターで、「アメリカ最高裁判所は我々を本当に失望させた。知恵も勇気もない」と批判しました。

この二十数年の間に、民主党は徹底的に腐敗しました。将来、民主党はなくなるんじゃないかと私は予想しています。今のアメリカの状況は本当におかしいです。

アメリカの至るところに中国共産党のスパイがいます。大手マスコミ、最高裁判所、ワシントンの大事なところが全部、中国から工作されました。恐ろしいですよ。

きょうの報道はここまでです。ありがとうございます。

トランプ大統領暗殺未遂 プーチン豹変⁉ 中国と連携か 千島列島に地対空ミサイル カナダ・トルドー首相はカストロの息子⁉

2020年12月17日

トランプ大統領、2度の暗殺未遂

きょうは、皆さんがびっくりするたくさんのニュースを紹介します。

まず、アメリカのトランプ大統領のことです。

きょうの朝、アメリカにいる大宇という学者が、YouTubeでトランプ大統領は今まで2回の暗殺未遂があったと報告しました。

トランプ大統領が同盟国に訪問して帰国する前に、ホワイトハウスのトランプ大統領の事務室の机の上に、小型のマイクロ兵器が1台置いてありました。そのマイクロ兵器は人間の心臓を攻撃して、一瞬で人間の心臓がとまるというものです。トランプ大統領が帰る前日に見つかったので、大統領は無事でした。本当にびっくりしました。このような暗殺兵器があります。

2回目は、トランプ大統領の家の近くのゴルフ場に同じような兵器を隠しました。大統領がゴルフをする前にあちこちを検査して、小型のマイクロ兵器が見つかり、暗殺未遂で終わりました。恐ろしいことです。

中国共産党スパイが置いたのではないか。それとも、民主党のトランプ大統領反発派の人たちか。それとも、裏で中国共産党から派遣された暗殺チームがやったのか。犯人はいまだにわからないです。

ホワイトハウスの中でトランプ大統領の机の上にマイクロ兵器を置いたのは、やはりホワイトハウスのアメリカ人か、それとも中国共産党のスパイか、はっきりしたことはまだ発表されていません。いつか真相を発表すると思います。

法輪功系のユーチューバーである大宇さんは、朝一番のニュースで、大宇さんの友人から聞いたたくさんのことを報告しました。その最後はこの暗殺未遂のことで、トランプ大統領の周りは本当に敵ばかりです。ホワイトハウスの中で、このような人間を暗殺する兵器を発見しました。本当に危ないです。

南京大虐殺記念大会にロシア大使が出席

その後は、日本のことです。

プーチン大統領は、バイデンさんが嫌いです。何も発表しません。14日、アメリカの大手マスコミは、バイデンさんが当選したと報道したみたいで、15日にプーチン大統領は、これからアメリカとロシアは一緒に友好的に平和に交流しましょうという簡単なお祝いの言葉を発表しました。きょう、台湾の東森新聞のYouTubeの発表を私はさっと記録したので、大体のことを皆さんに紹介します。

中国・習近平政府は、12月13日に南京大虐殺記念大会を開きました。その中で珍しいのが、ロシアのアンドレイ・デニソフ北京駐在大使が出席しました。昔、撮影した写真がいっぱいあります。その中には女性も結構います。その有名な女性を撮影して、その写真も展覧会みたいに展覧しました。

このロシア大使は記念大会で、「昔、第二次世界大戦で、私たちの国はものすごく損しました。中国も同じように損しました。私たちは中国と平和を愛します」と話しました。

習近平は、「我々は昔の歴史を忘れません」といつも言います。ロシアも同じで、昔の歴史を忘れません。習近平は中国共産党員に講演するときに、「昔、日本人が中国人を殺したことは絶対に忘れません」といつも言います。

その日にロシア大使は、「中国もロシアも同じです。この歴史を絶対に忘れません」と何回も言いました。

その意味は、中国とロシアが手をつないで、日本と戦おうというのだと思います。我々は第二次世界大戦の歴史を忘れませんと、日本に警告を発したのです。

でも、おかしいのは、中国は毎年12月の13日前後、南京大虐殺記念館で記念大会を開きます。もちろんこの記念館は日本人がおカネを出して、１９８５年に建設したのです。日本人はよっぽどだまされましたね。

私は昔、中国にいるときに、記念館とか南京大虐殺とか、一回も聞いたことがない。もちろん、この事実はなかったのです。江沢民時代に、南京大虐殺記念館で30万人の中国人を殺したと言っていましたが、次の年は40万人とか、毎年この数は上がります。今度は1億人に上がる確率が高いと思います。

記念大会にロシア大使が参加することはなかなかないです。ことし、なぜロシア大使が参加したのでしょうか。これには理由があります。このことは、16日の朝、東森新聞のYouTubeで報道しました。今でも報道中です。

ロシア、千島列島に地対空ミサイルを配備

東森新聞は続いて、今、ロシアのプーチン大統領の命令で、千島列島に急にＳ３００Ｖ４地対空弾道ミサイルを配置したと報道しました。北海道の近くです。何のためでしょう。

ロシアと中国共産党が手をつないで、日本と戦うのか、それともアメリカと同盟国の軍隊と戦うのか。

プーチン大統領は、この間、NATOの国とアメリカと一緒に、中国と戦うと言っていましたが、急に変わりました。今ロシアの経済は大変です。恐らく裏で中国からおカネをもらったから変わったのでしょうか。プーチン大統領の心は本当にわからないです。

現在、日本の自衛隊は、北海道では結構少なくなりました。その情報をロシアは知っているから、このチャンスをつかんで、千島列島にミサイルを配置したのか。アメリカと戦うのか、または日本か。本当にわからないです。

その背景に、中国とロシアは何か約束があるのでしょうか。ロシアの野心も結構大きい。習近平は世界を支配する野心があります。日本は気をつけないと本当にダメだと思います。心の中に警戒心がなかったらダメです。今の世界は本当に不安です。

アメリカ大統領選挙の結論は、来週出ます。そうしたら、武漢肺炎の生物兵器をつくった学者の名簿を発表した後で、中国共産党組織が国際犯罪組織と決まったら、その後、アメリカの軍事力が動きます。

きのう、中国の北京市内と北京郊外に十何台の戦車が入って、軍事演習がありました。戦車が市内に入ったという意味は、もしアメリカが同盟国の軍隊と一緒に南シナ海で戦ったり、中国の3700以上の軍事基地を爆撃したら、中国の市内に入ります。この軍事演習はアメリカ軍に対する戦いか、それとも台湾に上陸して台湾市民と戦うのか。今、本当に戦争の準備をしています。

このニュースは台湾も報道しました。アメリカの中国人学者、清華大学で習近平と同級生の張林さんも、戦車が市内に入った画面を海外に発表しました。

習近平政府は、北京、上海、広州の市民に、生活用品は何々を買うとか、水はどのくらいためろとか、医薬品とか、傷があったら消毒薬とか、はさみとか、いろいろ準備しろという結構詳しいリストを1枚ずつ渡しました。中国の大都会は皆、戦争の準備中です。ことし10月ごろには、北京、上海、広東省、広州などのたくさんの都市で、地下室に避難する訓練がありました。

アメリカは、中国の3700カ所の軍事基地を必ず全滅させるまで攻撃します。この戦争を来年2月ごろから起こします。世界の経済はどの国も一遍でダメになると思います。この時期は、皆さん、食料、日用品を早く備蓄してください。中国も今、備蓄しています。

アメリカもそうです。きのう、アメリカのリン・ウッド弁護士もツイッターで、市民たちに食料や水、懐中電灯、電池、銃と弾丸を準備してくださいと書きました。

私のアメリカの友達は、1年分の食料を備蓄しました。郭先生は、日本のラーメン、そうめんが大好きで、2年分備蓄したそうです。オーストラリアも、スウェーデンもそうです。

去年、スウェーデンの人が私の家に来ました。「私は2年分ためました。一つの部屋全部が食料ですよ」と言っていました。そのときに政府に迷惑をかけないように、みんな自分で準備しています。

薬も、自分はどこが悪いというのをわかっているので、その薬とか、特に小さい子がいたら、粉ミルクとか、胃腸薬とか、解熱剤とか、いろいろな薬を1カ月でも2カ月でも早く備蓄してください。

今、世界は本当におかしいです。安全ではありません。備蓄したほうがいいと思います。

カナダ・トルドー首相と習近平の密約

カナダのトルドー首相と中国の習近平は、何か約束があります。おかしいです。

多分2年前から中国の特殊部隊がカナダに入って、カナダの軍隊と一緒に軍事演習をするという計画がありました。カナダに入ったとき、軍服を一切着ないで普通の洋服を着ています。今まで6万5000人以上の中国人民解放軍がカナダで訓練を受けました。現在、まだカナダに少しいます。

中国人民解放軍の特殊部隊がカナダのあの寒いところで軍事演習をする目的は、アメリカと戦うためです。私はこの報道にびっくりしました。実はカナダの首相はトランプ大統領がものすごく嫌いです。カナダとアメリカの国境線にミサイルを設置してアメリカを攻撃します。カナダとアメリカの国境線は結構長いです。そこにトーチカを何カ所も建設しました。多分中国政府がおカネを出して、中国人は多いから、中国からいっぱいの労働者を派遣しました。恐らくトルドー首相も中国からおカネをもらいました。

アメリカ国防情報局の手元に、このようなカナダ政府と中国・習近平政府のアメリカ攻撃の計画の40ページぐらいの情報が入りました。この間、アメリカも結構交渉しました。アメリカにいる郭文貴さんの友人は、中国人民解放軍内部にいます。この友人が郭文貴先生に教えてあげました。あとは、オーストラリアの女性民主活動家は、今もYouTubeで発信中です。

カナダの国防は、全部アメリカからの援助です。武器もそうです。最近、カナダの国防省のトップは首相と習近平の計画に反発して、訓練を中止し、トーチカを何カ所か爆破しました。その後、中国人民解放軍は住むところがなくなりました。

カナダ国防省の情報では、アメリカはもう一つ攻撃されるところがあります。それはカリブ海を通過して、キューバとの国境線にミサイルを設置して、アメリカを直接攻撃できます。2カ所からアメリカを攻撃します。本当に危ないです。その情報は、アメリカ国防省の情報部に早く入りましたので、現在、この計画は潰れました。考えたら本当に恐ろしくて眠れないです。

今までカナダにどのぐらい人民解放軍の特殊部隊が入ったのでしょうか。特殊警察がどれくらい入ったでしょうか。誰も知らないです。アメリカも、誰も知らない。

このことは、オーストラリアなどの海外の中国人学者がYouTubeで今も発信中です。

今まで6万5000人ぐらいの中国の特殊部隊が訓練という理由でカナダに入って、かなり訓練されました。アメリカにその情報が入り、アメリカはものすごく怒りました。カナダ国防省バナー将軍の話では、今は中止しました。よかったです。

実は、カナダの軍隊は6万人だけです。アメリカと戦うことは何もできません。だから、トルドー首相は裏で中国・習近平政府と何か約束しました。まず、中国人民解放軍を訓練して、カナダ領土からアメリカにどういうふうにミサイルを発射するかとか、いろいろ軍事訓練しました。これらの中国人は普通の服を着ているので、誰も軍隊に見えません。そのようにしてこっそりカナダにたくさん入りました。

私がこれで思ったのは、中国共産党特殊部隊の若い人たちが、研修生とか留学生として今まで日本にどれぐらい入っているか。私たちも知らないです。これらの特殊部隊の人は、2階建ての家に一瞬で入れます。本当に恐ろしいです。特別訓練されているから、日本の警察も自衛隊もみんな負けます。

カナダに入った中国共産党特殊部隊の幹部たちは、おカネを出してカナダで家や土地を買いました。そういう人たちがどれぐらいいるか、誰も知らないです。これらの軍隊の人にはスパイがいっぱいいます。

カナダの首相と中国の習近平は仲がいいです。今、カナダには中国人が少なくとも100万人ぐらいいます。90年代、香港を中国に返還したときに、香港からカナダにかなり行って、カナダに50万人ぐらいの中国人がいました。カナダに行ったら、どこにでも中国人がいます。

東京の新宿や渋谷と埼玉を、中国人が毎日2万人ぐらい移動します。東京には60万人以上の中国人がいます。どこに行っても、全ての店に中国人がいます。本当に東京に行きたくない。東京に行ったらあちこちで中国語を話す人がいっぱいいるので、ここは中国じゃないかと思います。特にコンビニとか料理店とか、みんな中国人です。中国に帰ったのと同じです。

これらの国は、本当に中国にやられました。

カナダ・トルドー首相はカストロの息子

オーストラリアの学者の話では、カナダの首相はキューバのカストロ前首相と愛人の間の息子だということです。カナダの民主活動家の話でも、そっくりということです。これは2年前に出た話で、みんなよく知っています。

皆さん、写真をよく見てください、カナダ首相の写真とカストロの写真はそっくりですよ。お父さんと息子、アメリカと戦うのは同じですね。

アメリカ国防情報局は詳しい情報を持っています。手元に40ページぐらいの情報があります。まだこれから真相を発表すると思います。

今、アメリカ大統領選挙に干渉しているのは、中国、カナダ、ベネズエラ、キューバ、ＣＩＡ、クリントン、オバマです。このような人たちが後ろで操作しています。特に中国・習近平政府は、カナダと一緒にアメリカを攻撃するということで、カナダの首相は本当に恐ろしいです。

メキシコ国境にも中国人民解放軍の基地

習近平の同級生でアメリカに亡命した張林さんの報告です。

中国・習近平の高級軍事幹部のお孫さんは、7～8年前に習近平が就任するころから、米国のテキサス州とメキシコの国境線に、香港の面積1100平米の半分以上のものすごく広い土地を買いました。そして、アメリカの国土に、中国人民解放軍の基地をつくりました。私はびっくりしました。アメリカ政府はよっぽどアホだから、最初は何も知らなかった。

まず、そこに飛行機がとまる1000キロぐらいの長い滑走路を建設しましたが、アメリカ政府は誰も知らなかった。その後、この巨大な土地に人民解放軍が泊まる場所をつくる予定でしたが、まだつくらないうちに、アメリカが発見しました。郭文貴さんには、人民解放軍内部に友人がいますから、多分その情報がアメリカに流れました。

人民解放軍がアメリカ領土に入って、国境線にミサイルを置いて、アメリカ本土と直接戦うという計画があります。これは中国共産党の将来の予定です。

今、中国の5000万人以上の男性はお嫁さんがいません。家庭もない。彼らが民兵や解放軍を退役したら何もすることがないから、習近平政府は頭が痛いです。いろいろ考えて、発砲しかできない退役軍人をアメリカに送って、アメリカと戦おうという計画を立てました。いつの日かこれら退役軍人が集まってメキシコとの国境に行って、メキシコの軍隊と一緒にアメリカと戦います。

メキシコ国内には反米派がいっぱいいます。現在、アメリカはメキシコとの国境に壁をつくっています。バノンさんは一生懸命頑張っています。中国・習近平政府はメキシコとものすごく仲がいいです。

習近平の野心はものすごいです。世界を支配する。カナダとアメリカの国境線、またメキシコとアメリカの国境線のアメリカ国内側でアメリカを攻撃します。恐ろしいです。トランプ大統領が当選しないと、世界中どの国も本当に危ないです。

アメリカ国土安全保障省のいろいろの調査や中国から入った情報で、今、この辺を国防情報部が調査中です。調査後、習近平の腹心、軍隊の幹部がアメリカ国内で買った土地を必ず全部没収します。中国共産党幹部たちがアメリカに持つ財産を全部没収します。一人も残さない。

習近平の腹心の軍幹部は、中国山東省で生まれました。昔、メキシコとアメリカをよく行ったり来たりしていて、メキシコを裏で応援して、国境線でアメリカを攻撃することができるというので、この土地を選びました。秘密に基地建設をしていましたが、あんな広い場所ではやはり目立ちます。それと、中国の軍隊内部の友人からのいろいろな情報で、やっとアメリカがこの辺の調査に行きました。おカネはどこから出したか、材料はどの国から来たか、中国の材料か、アメリカの材料か、詳しいことはまだ調査中です。真相はこれから海外で報道されると思います。

トランプ大統領が中国の脅威への〝国家緊急事態宣言〟を延長
共和党ドン・裏切りの裏に中国の影
マクロン仏大統領が感染　ポンペオ国務長官も隔離

2020年12月18日

中国の脅威への国家緊急事態宣言の延長

きょうは、アメリカのことと中国のことなどを皆さんに紹介します。

アメリカのトランプ大統領は、12月16日に、アメリカの国家緊急事態宣言の1年間延長を発表しました。

その宣言の内容は、特に中国の軍備の近代化が進み、中国人民解放軍は、人類が絶滅するような武器を開発している。サイバー攻撃とか、ネットによるコンピューター攻撃とか、宇宙開発とか、生物兵器を開発しているということです。深刻な人権侵害もあります。

また、アメリカのたくさんの政治家、民主党は、裏で腐敗しています。

このようなことは、米国の国家安全保障に対して本当に脅威になります。外交政策とか経済などに、非常に脅威をもたらしました。

日本ではほとんど報道されていないですが、ことしの11月12日にトランプ大統領は、中国の危険性、軍事的な脅威とかスパイ活動とかに関して、国家緊急事態宣言を出しているのです。それを来年まで、あと1年間延ばすということです。

特に今度のアメリカ大統領選挙は、選挙詐欺とか、選挙窃盗とか、投票機械不正とか、みんなアメリカを転覆させるために中国共産党が裏で操作しました。アメリカは本当に大変な時期です。

この通知はアメリカ連邦官報に出ています。多分これからほかの議会に送ります。

海外にいるたくさんの中国人民主活動家や学者のネット上でも、阿波羅ネットとか、今現在、このことを発信中です。きょうの朝、一番のニュースで報道しました。

ポンペオ国務長官、武漢肺炎陰性に関する中国報道

アメリカのポンペオ国務長官は、武漢肺炎の感染者と会ったことがあるので、確認のためにすぐ検査して、幸い陰性でした。ポンペオさんは自主的に1週間ぐらい隔離します。

きのう、中国の全ての共産党のマスコミは、「ポンペオさんが隔離されました」とか、「新型コロナウイルス確認中です」ということが一番の大ニュースで、中国中央テレビは、16日の夜11時20分、全国に報道しました。その日の晩から17日の朝6時まで、中国全土の多くの人たちがこのことに関心を持って、この大ニュースを見ました。「中国共産党の敵が感染しました。よかったです」とか、

たくさんの中国人が喜びました。

でも、きょう、中国政府のマスコミは、陰性が確認されたことを一切報道しないです。ポンペオさんが陰性だったので、私たちは安心しました。

仏マクロン大統領、武漢肺炎に感染

フランスのマクロン大統領は、きのう、中国武漢肺炎陽性が確認され、1週間ぐらい隔離されます。大統領が誰と会ったか、どこで感染したか、国が調査中ですが、現在は不明です。

この間、フランスの空母はグアムにいました。同盟国のアメリカと一緒に戦争の準備をしている。それは中国・習近平政府にはものすごく不愉快です。フランスのどこかで武漢肺炎のウイルスをばらまいたのではないかというのが、海外にいるたくさんの中国人の学者たちの分析です。なぜ海外の首相とか副首相、偉い人たちだけ、特に反中国共産党の人だけ武漢肺炎に感染するのか。中国共産党の偉い人たちは、誰も感染しません。何かおかしい。不思議です。

現在、フランス国民の武漢肺炎感染者は200万人以上います。死者は5万9400人以上です。深刻な被害が出ています。マクロン大統領も感染して、本当に最悪です。中国がウイルスをばらまいている確率は高いという皆さんの分析が、けさ、海外のたくさんのYouTubeとかニュースで発表されました。

マコーネル、トランプ大統領を裏切る

16日にアメリカのマスコミは、バイデンさんが当選したと報道しました。アメリカの大手メディアは中国に全部買収されました。そのことで、共和党のマコーネルさんは、「バイデンさんが当選したのは事実だから、皆さん、反発しないでくれ。マスコミが発表したでしょう」と、共和党議員が怒るのをすぐ抑えて、民主党を応援しました。これはおかしいです。

海外のマスコミは、マコーネルさんが、今の時期に裏で急にトランプ大統領をナイフで刺した、裏切ったと伝えました。

マコーネルさんはなぜ裏切ったのか。この人のお嫁さんの趙小蘭（トランプ政権の運輸長官）は、もともと江沢民派です。お父さんは江沢民の同級生です。1949年の中華人民共和国創立の前に、家族でアメリカに亡命しました。全部で6人の姉妹です。江沢民時代から、お父さんは船会社の経営で、中国からお金をいっぱいもらいました。親中派で、江沢民時代から現在の習近平時代まで、ずっと政府とつながりがあります。そのために、マコーネルさんは今の時期にトランプ大統領を裏切りました。みんなびっくりしました。

この人は、一度日本に来ました。今の天皇陛下の即位の礼のときに、中国副主席王岐山も日本に来ました。各国から来た偉い人が、みんな椅子に座ります。そのときに、趙小蘭と王岐山国家副主

席は、裏で中国語でいろいろ話をしました。その写真は、中国人の学者が世界中にいろいろ出しています。皆さん、見てください。裏で何を話したか、私たちはわからないけれども、多分習近平の命令で、王岐山と何か話したのです。そのような人が、今の時期にトランプ大統領を裏切りました。

トランプ大統領は本当にかわいそうです。共和党内に何人か裏切り者がいます。中国共産党からお金をもらいました。

趙小蘭のお父さんは、趙錫成といいます。この人は、以前、習近平政府の偉い人がアメリカに来たときに一緒に撮った写真もあります。このお父さんはかなりの年配です。

1月6日に、アメリカ議会は大統領選挙の投票結果を最後に確認します。トランプ大統領が当選するはずです。バイデンさんを絶対に認めないです。マスコミは報道するだけで、マスコミが決めることではありません。ただ、中国は裏でアメリカの大手マスコミを買収して操作しました。

トランプ大統領〝戒厳令〟発布か？ 国防省がバイデンへの政権移行プロセスを拒否

2020年12月19日

米国防総省、バイデンさんへの権力移行プロセスを中断

きょうは、アメリカのことを皆さんに紹介します。その次に、中国のことを紹介します。

まず、今から5時間前の、アメリカのニュースサイト1つだけの報道です。アメリカの国防総省（ペンタゴン）は、今、バイデンさんとハリスさんのチームに権力を移行することを全面的に中断しました。

この間、バイデンさんが当選したとアメリカのマスコミはいっぱい報道しました。中国も、習近平がお祝いの言葉を発表しました。

11月23日、アメリカの一般調達局（GSA）は、バイデンさんのチームに権力を渡すプロセスを始めるという公文書を発表しました。ところが、今から5時間前に、国防総省のクリストファー・ミラー長官代行の緊急命令で、バイデンさんへの権力移行を全面的に停止すると発表しました。

現在のところ、ニュース報道はこの命令だけで、まだその理由が明らかにしていません。このニュースは、バイデンさんとハリスさんのチームを結構驚かせました。皆さんも驚きました。これを停止したのは、いろいろな原因があります。不正選挙とか、詐欺選挙とか、改ざんとか、いろいろ悪いことをしました。これは本当の大統領選挙ではない。政治クーデターだと思います。

リン・ウッド弁護士、食料や水の備蓄を呼びかける

2～3日前に、リン・ウッド弁護士がツイッターで、国民に水、食料、懐中電灯、銃の弾丸などをたくさん備蓄してくださいと発表しました。

アメリカはこれから内戦になるのかとか、特にバイデンさんのことで民衆が反撃する確率が高いので、皆さんは食料などをいろいろ備蓄すると思います。

そろそろトランプ大統領が大統領令で戒厳令を発表すると思います。もしアメリカで内戦があれば、皆さんは非常時で外に出られないので、これから食料や日用品を準備すると思います。

日本でも、いろいろ準備しなければいけないと思います。特に、中国の国内にいる十何万人の日本人はどうなるでしょうか。日本政府がしっかりしないと、本当に危ないですよ。いつ戦争を起こすかわかりません。アメリカで戒厳令がしかれたら、内戦とあわせて、中国との戦争という可能性も高いです。

詳しいことは、ニコニコ動画で皆さんに紹介します。

中国、南沙諸島に新型医療船を配備

次は、中国人民日報の12月2日の発表で、南シナ海の南沙諸島にあるファイアリー・クロス礁は、南シナ海の心臓部です。そこには中国人民解放軍の軍事基地が十何年前から建設されています。中国最大の人工島の軍事基地です。

最近、その軍事基地には、戦闘機J－11Bが8機配備されています。

また、11月ごろに、中国が自国で設計してつくった4000トンの新型医療船がそこに行きました。医療船だから、やはり戦争の準備だと思います。もしアメリカが爆撃したり、戦争を起こしたら、軍人の負傷者や死者が出ます。その軍人のために、4000トンの新型医療船「南医13」が、11月にファイアリー・クロス礁に駐留しました。この医療船は、長さ109メートル、幅17メートル、満載排水量は4000トンです。ヘリコプターを1機載せることができます。

将来は、南沙諸島の基地の軍人や艦隊の軍人たちの医療とか、青島基地の救援とか、突発事件の救援とか、各種の化学兵器の研究などに使います。これが人民日報の報道です。

アメリカのたくさんの中国問題研究家とか軍事評論家は、中国も同じように戦争の準備をしている、その島のアメリカ攻撃に備えて、反撃のために戦闘機とか軍艦をこれから準備すると言っています。

もし中国語がわかる人は、人民日報の12月2日に詳しい報道があります。皆さん、見てください。中国政府もアメリカと同じように、アメリカと戦う準備をしたということです。

中国のオーストラリアに対する制裁

最後に、今、中国は、制裁措置として、オーストラリアの石炭、オージービーフ、ロブスター、ぶどう酒などの輸入を全部禁止しました。

今、中国は、ほぼ半分のところが石炭がありません。電気もないです。燃料もない。多くのところで交通信号もついていないです。15階、30階のビルディングは、エレベーターが動きません。電気がとまって真っ暗で、みんな階段を上がる。若い人はさっさと上がれるけれども、老人たちは本当に大変です。

このような苦情は、中国の半分から出ています。ハルビンあたりの寒さは、マイナス40度です。黒竜江省の寒さはマイナス40度以上です。住民たちは本当に困ります。この制裁は、実は中国の国民を制裁するものです。

オーストラリアのほうは喜んでいます。大きなロブスターは、昔は全部中国に輸出しました。中国のお金持ち、偉い人がロブスターを毎日食べるから、オーストラリアの人たちは、ロブスターは高くてほとんど買えなかった。今は中国の制裁でロブスターが安くなって、日本円で500円で、皆さん、毎日食べています。「中国、もっと制裁してください」という報道がたくさんありました。

この写真は、ニコニコ動画で皆さんに紹介します。

米核兵器システムに中国軍ハッカー部隊が大規模攻撃
中国・寒波の中の電力不足 ロシアからの電力輸入がストップ

2020年12月20日

中国のハッカー部隊がアメリカの核兵器システムなどを攻撃

まずアメリカのこと、そして中国のことを皆さんに紹介します。

まず、アメリカの18日の報道で、アメリカ核兵器システム、いろいろの設備関係の大事なコンピューター通信などが、中国からめちゃくちゃ攻撃されました。

実は中国のハッカー組織は、ことしの3月から、アメリカ政府の機構とか、商業の機構とか、農業の機構とか、大事なところのシステム全部を攻撃しました。その中で一番ひどいところは、核兵器システムへの攻撃でした。システムの至るところ、ほぼ全部攻撃されました。被害はものすごく大きいです。

18日、やっとこのことを報道しました。報道したのはアメリカ国土安全保障省のネットです。アメリカの核兵器のシステムはとてもひどく攻撃されて、専門家たちの話では、このハッカー集団の技術はとてもすぐれていて、攻撃されたところを検査するのはなかなか難しくて、取り除くのも難しいです。

もし今、中国からアメリカに核兵器を使ったら、アメリカは本当にお手上げです。大変です。とてもひどく攻撃されました。

中国のハッカー組織は、APTです。その組織は2カ月ぐらい前に、日本の重要なところ、多分自衛隊とか、日本政府とか、国会議員とかを攻撃しました。以前は、日本の靖国神社に対しては毎年攻撃しました。最近は政府の組織に対して攻撃することが多いです。広い範囲で攻撃します。本当に危ないです。

中国ハッカー部隊は、国の組織で何万人もいます。ハッカー部隊の組織は、広東省、北京、上海、ハルビンなど、中国の軍隊のあるところにはあちこちにあります。人数はものすごく多いし、広い範囲にあります。

アメリカのビジネスで有名な個人も、国の大きな組織も、全部やられました。被害は大変大きいです。

国土安全保障省の発表によると、今現在、ウイルスの駆除とか、まだ修理中です。この犯罪はとても重大です。中国政府は、ことし3月から今まで長い間、準備して、12月に入ってからの攻撃が始まりました。

アメリカは親中派が多いです。みんなほとんど心配していないですよ。トランプ大統領がこのことに注意しないうちに、本当にアメリカの国をひっくり返します。本当に恐ろしいです。

中国には人民解放軍のハッカー部隊があります。このハッカーは、太陽風（ソーラーウインド）というシステム会社のソフトを通じて、アメリカ政府の各組織のシステムを侵害しました。このような会社は本当に気をつけないと、中国製のコンピューターとか機械がものすごく多いです。それを使ったら、全部やられます。そのことも18日の報道です。

一度やられたから、今度アメリカは気をつけると思います。今までのアメリカの歴史で、中国からやられることが一番ひどいです。

国防総省は、バイデンさんに権力を渡さない

同じアメリカのことで、18日（金）に、トランプ大統領は、ホワイトハウスの中の自分の執務室で、クリストファー・ミラー国防長官代行と会見しました。

アメリカのこれからの国防とか、いろいろなことを話しました。国防総省は、バイデンさんが当

選したことを信用しないから、バイデンさんのチームに権力を渡さない、国防が移行することは中止するとトランプと話し合ったのです。

このニュースを発表したのは、アメリカのメディアのニュースサイトで、きのうのニュースサイトと同じところが報道しました。皆さんは、これから戦争の準備をするのかと思ったとか、いろいろ話があります。きのうの午後3時30分ごろの報道でした。

習近平、4人の将軍を昇進させる

次は、中国の習近平のことを皆さんに紹介します。

習近平は中国の軍事委員会主席であり、もちろん国家主席です。習近平は18日に、北京にある八一人民解放軍のビルディングの中で、4人の将軍を上のランクに昇進させる任命式を行いました。4人は大将になりました。

習近平はこの大将たちに、これから戦争をお願いします。国のために頑張ってくださいということで、中国新華社も、解放軍報も報道しました。

私は写真を見ました。習近平はものすごく悲しそうな顔をしています。あの人は、ニコニコ笑うときはほとんどありませんが、その写真を見たら、もっと悲しそうな顔をしています。現在、軍隊内部に、もともとの江沢民派がいっぱい残っていて、習近平の言うことを聞かない人が半分ぐらいいます。結構悲しいです。

この4人は、習近平が信用する人だと思います。それで大将とか、上のほうに昇進しました。写真を見たら、何か普通と違います。悲しい顔で、葬式をするときの顔みたいです。上のランクに昇進するのだから、大体みんなうれしい顔をするでしょう。大将に昇進する軍人の顔も悲しい。習近平も同じ悲しい顔です。これから南シナ海あたりから戦争をすると、皆さんわかるのです。

海外でこの写真が流れました。台湾のいろいろな新聞で報道しました。

中国の電気使用量の半分を占めるロシアからの輸入が止まった

あとは、中国の電気のことです。

中国の面積は日本の26倍ですが、今、中国全土のほぼ半分のところは電気がないです。その原因は、中国のたくさんのところ、例えば四川省、安徽省、ハルビンのあたり、瀋陽のあたりでは、ロシアから電気を輸入しています。でも、今ロシアも寒い。中国全土も南から北まで寒い。みんな寒いです。ロシアの電気は足りません。ロシアは電気を止めました。中国は輸入できないので、中国全土の半分ぐらいは、電気があまりありません。

特にハルビンや瀋陽のあたりは、ことしはとても寒いです。黒竜江省は零下30度～40度で、池とか公園の噴水のところにいるアヒルは、足が凍って動けない。ガーガー鳴くだけです。周りの住民たちが、氷を割ってアヒルを助けてあげています。

電気は、朝ご飯を食べるとき、5時から8時の間に来ます。あとは、晩の5時から8時まで来ます。それ以外は電気は来ません。本当にかわいそうです。みんな寒くてたまらないから、例えば家が広くても、十何人の老人たちは1カ所の石炭の暖炉の前に座っている状態です。映像を見てびっくりしました。南の人はよけい寒いです。本当に電気が足りなくて、国民の被害が大きいです。

習近平は、ことしオーストラリアを制裁するために、オーストラリアの石炭輸入を禁止しました。これは実は中国の14億人を制裁するのと同じことです。国民は今、みんな文句を言っています。「習近平政府を早く潰したほうがいいと思います」「アメリカのトランプ大統領、早く来てください。このような中国共産党政権を潰さないと、国民が一番の被害者です」「米軍、早く来てください」とか、ネット上の書き込みがいっぱいです。

習近平は一生懸命に「皆さん、早く仕事をしてください」と言っていますが、仕事はできないです。電気がない。機械は全部ストップしています。習近平政府は何をするのか、本当にめちゃくちゃです。

この状態で、来年の春までずっと電気は足らないと思います。ロシアは12月に電気輸出を中止しましたが、3月までロシアもめちゃくちゃ寒いですから、中国への輸出はずっと中止すると思います。

この国は、中国政府、ロシアのことを一切報道しないでしょう。たくさんの外国人はその真相を知らないから、習近平政府の国民はものすごく幸せと思っていますが、実は電気の半分はロシアから入っています。ですから、日本人で中国にいる人は早く帰ってきてください。今度のクリスマス、お正月に日本に帰ったら、絶対に戻らないでください。これからは全世界が中国と戦う戦争の準備です。特にアメリカは、中国共産党を絶対に許しません。一度中国から帰ったら、二度と中国に戻らないでください。

中国で武漢肺炎患者がふえている

次に、同じ中国のことを皆さんに紹介します。

きょうの朝の情報で、北京で武漢肺炎の患者がものすごくふえました。習近平が好きな肉まんの店、慶豊包子舗は、北京の朝陽区のホテルのそばにあります。その店は15日から封鎖されました。この店の店員2名の武漢肺炎の感染が確認されました。1名の男性店員は香港から武漢肺炎を持ってきたみたいで、1名の女性店員も確認されました。この女性はどこから武漢肺炎をもらったか、今検査中です。習近平はこの店の包子が好きだから、人気があって、外国から来たいろいろな人たちがこの店で食べます。

現在、この店だけでなく、ホテルや店の周りの何カ所も封鎖しました。

ただ、報道はこの店の2人が確認されたことだけで、あとはこの人たちの周りでホテルに泊まったり、店で食べた人は、今確認中です。どのくらい出るか、わからないです。

今、中国で武漢肺炎が爆発的に流行しているところは、安徽省、四川省、遼寧省など、何カ所かあります。武漢市内も、小さい区の住宅で封鎖されたところがあります。

中国政府は一切報道しないけれども、国内の住民たちが海外にいる中国人学者のネットや民主活動家に連絡して、この事実を報道しました。この報道は、大紀元時報の阿波羅ネットの報道です。まだまだこれから感染が爆発する省とか、市とか、いっぱい出てくると思います。私たちは真相がわかったら、皆さんにすぐ紹介します。

特に年末に忘年会とか、人が集まって、みんなで食べて飲む機会がいっぱいあります。日本もそうですね。東京も毎日５００人、８００人と出ています。忘年会や新年会とか、皆さん、本当に気をつけてください。できるだけやめたほうがいいと思います。

今、中国は大変です。ただ政府が報道しないだけです。感染がものすごくふえました。爆発する前の状態です。

トランプ大統領、勝利宣言は1月6日？
北京大使館が中国に最後の警告
アメリカの第一の攻撃目標は南シナ海、海南島、福建省、青島、大連

2020年12月21日

大統領選挙不正に関するピーター・ナバロの報告書

きょうは、中国のこと、アメリカのことを皆さんに紹介します。

12月21日に、トランプ大統領通商担当補佐官のピーター・ナバロさんが、36ページの長さの報告書を発表しました。これはアメリカのコミュニティメディア、SNSみたいなところの報道です。

特に、今現在のアメリカ大統領選挙の詐欺、不正、改ざんの状況です。実はトランプ大統領は勝っていたけれども、不正選挙の詳しい報告書です。この報告書をトランプ大統領が見て、「いい報告書ですね」と賛成しました。

また、来年1月6日に、ワシントンで大規模の抗議集会を開催する予定があることも報道しました。連邦議会で投票結果の承認がありますが、その日に、上院議員と下院議員はみんな一緒にその集会に参加します。そのときに、皆さんはトランプ大統領の選挙に関する事実、トランプ大統領が

当選したことがわかります。

アメリカの大手メディアはみんな、バイデンさんが当選したと報道しました。これはことし一番大きな冗談です。大手マスコミは、みんな裏で中国から操作されています。だから、冗談です。

来年の1月6日に、大統領選挙の本当の勝者はトランプ大統領だとはっきりわかります。トランプ大統領は必ず勝ちます。あと4年続けて仕事をします。海外にいるたくさんの中国人が、ネット上で発信しました。

北京の米国大使館の警告と中国の発表

次に、北京にあるアメリカ大使館には、今、大使がいません。ブランスタッド大使は10月でアメリカに帰りました。15日の報道は、ことし最後の報道だと思いますが、大使がいないから代理とか職員が、14日の朝10時ごろ、「USAチャイナ」というタイトルの発表をしました。大使館のホームページを探したら、今もまだあると思います。

現在、北京（中国共産党、中国人民解放軍の名前は出さないですが、習近平政府の意味です）の軍事挑発は全世界にものすごく危険で、もし本当に戦争を起こしたら大変です。万が一の危険があります。特にヒマラヤから南シナ海まで、軍事的に武力衝突する脅威がますますふえると発表しました。潜水艦とか戦闘機などの映像も出てきました。

中国共産党は、ほしいままに軍事活動をします。その結果は全然考えないです。もし本当に戦争を起こしたら、中国国民はどんなにかわいそうか。軍隊が戦争すると、国民はどこに爆弾を落とされるか、国民の被害が大変ひどい。そういう結果を中国共産党は全然考えないです。

北京政府は、インド太平洋地区及び全世界の安定を破壊しました。南シナ海に軍事基地をつくったり、ベトナムやフィリピンの土地に平気で自分の軍事基地をつくりました。南シナ海、東シナ海、台湾、インドに中国の軍隊を増加して、その結果を中国政府は一切考えないです。

北京や香港にあるアメリカの大使館や領事館の人は、多分ことしの年末にアメリカに帰ります。この発表は、いよいよ戦争を起こすという、中国政府に対する警告だと思います。

私は、この警告に対して中国政府から何か反発がある確率が高いなと2～3日待っていましたが、今まで中国政府は全然反発しませんでした。中国はわかっているから、何も反発しなかった。

17日、中国の軍事専門家が、名前を出さずに、現在の軍事のことを少し発表しました。中国の造船会社は、ことしの1月から11月までに軍艦を23隻つくりました。すごいですよ。去年は18隻です。ことしは23隻の進水式を行い、海軍の部隊に渡しました。

その中には、15万トンの軍艦があります。7隻が052軍艦です。ミサイル軍艦、駆逐艦が、2隻～5隻あります。15万トン以上の軍艦が合わせて23隻です。この1年間で、オーストラリア一国の軍艦の数をつくりました。

アメリカの北京大使館の警告に対して、中国はこの軍備増強の発表で返しました。あとは何も報道しないです。

アメリカが中国の軍事基地を攻撃したら

アメリカにいる民主活動家、郭文貴さんの講演会が17日にあって、18日に、オーストラリアの民主活動家がこの人の講演を引用して発表しました。

アメリカが例えば南シナ海から戦争を起こすと、どこを攻撃するか。中国人民解放軍の南シナ海と中国国内の基地の名前で発表しました。

まず、1番に攻撃する基地は南シナ海を埋め立ててつくった軍事基地です。2番は、海南省の潜水艦基地です。また、そこに空母の基地を建設しています。あとは福建省で、台湾に対するミサイルがいっぱいあります。2000年以前から今まで、ミサイルは少なくとも1000本以上ありま す。江西省には何の基地があるか私はわからないけれども、恐らく山の奥にミサイルがある確率が高いです。それから大連には、潜水艦を製造する軍事基地があります。大連と旅順は、日露戦争のときから軍事基地がありました。次は青島です。青島にも潜水艦基地とか、空母艦隊の基地があります。アメリカは、まずこれらの重要な軍事基地を攻撃します。

今、郭文貴は「早くこの基地を離れてください。国内の友人、家族に早く伝えてあげてください。戦争が起きたら、まずこれらの基地が攻撃されます」と、ネット上で一生懸命呼びかけています。

これは基地だけの局所戦争ですが、特に福建省をアメリカが攻撃したら、中国・習近平政府は台湾を攻撃する確率が高いです。そのとき、台湾も危ないです。台湾の皆さんは気をつけてください。絶対に油断しないでくださいと郭文貴さんは訴えました。

特に今の中国経済は、崩れる寸前です。食料も足りないし、ロシアは電気を止めました。大変な時期ですよ。仕事がない人たちが多いです。ロシアも同じように寒いし、元気がないので、これからずっと電気を止めると思います。

早く基地のそばから離れてください。今、心配なのが大連と青島です。日本人が多いです。早く帰らないと本当に危ないですよ。郭文貴さんは、そのことも発表しました。

習近平〝1月6日までにトランプを暗殺しろ〟
極秘命令の録音データがトランプ大統領のもとに
中国人民解放軍・アメリカ軍司令官とのネット会議をすっぽかす

2020年12月22日

トランプ大統領暗殺命令

きょうは、中国のこととアメリカのこと、イギリスのことを皆さんに紹介します。

現在、中国の習近平が秘密の会議で「トランプ大統領を1月6日までに暗殺せよ」と言った録音が、トランプ大統領の手元に入りました。

アメリカにいる郭文貴さんの中国共産党内部の友人から、この録音はトランプ大統領の手元に入りました。中国共産党内部の闘争はものすごく激しく、内部でトランプ大統領を心配する人がいます。中国共産党内部は分裂し、内紛がものすごいですね。その方は本当に命をかけて、このような録音をアメリカに送りました。すごいです。

その録音で、今まで中国は武漢肺炎をつくって、習近平政府が、アメリカの大統領選挙を裏で操作していたことを、トランプ大統領は今はっきりわかりました。

その話は、きのうの路徳社の報道と、あとはニュージーランド、オーストラリアの有名な中国人民主活動家の女性、リーリーさんが報道しました。そのような録音はやっぱり事実ですね。私はびっくりしました。

もちろん、トランプ大統領は今はっきりわかりました。中国の習近平政府は、裏で何回もトランプ大統領暗殺未遂をしています。この録音をアメリカに届けた人たち、路徳社と、オーストラリアのリーリーさんの報道で、一番早い日付は1月2日前後です。気をつけてください。1月6日まで本当に気をつけないと危ないということを発表しました。

路徳社には、2月19日の報道があります。郭文貴さんには18日の発表があります。オーストラリアの方はきのうの発表です。私はきのう見て、びっくりしました。

今から注意しないと本当に危ないです。特に要注意は1月2日前後で、お正月で皆さん休みだから、何をするかわからない。

アメリカには、中国共産党のスパイがいっぱいいます。福建省のあたりに、台湾に向かって1000本のミサイルがあります。そのミサイルは1メートル四方に1つ落とすというもので、もしバイデンさんが当選したら習近平政府はすぐ台湾を攻撃して、3時間以内に台湾を全滅できます。その話にびっくりしました。

昔、習近平は、私たちは台湾の島が欲しい、人間は欲しくないと言っていた。その意味は、島だけ欲しいので台湾人民は殺すのです。昔から習近平の政策目標です。そのことも報道しました。恐ろしいですね。

また、オーストラリアの学者の報告では、昔から習近平はバイデンさんを守るために、そばに中国人の用心棒を3～4人つけています。多分この中国人は、アメリカ国籍かアメリカ永住者かどっちかです。

十何年前、中国の江沢民政府から連れられてきて、今はバイデンさんを守るために、特別に訓練された中国人の用心棒が3～4人ついています。

この間、トランプ大統領は武漢肺炎に感染しました。また、共和党は何人も武漢肺炎に感染しました。幸いにポンペオさんは陰性で、感染しなかったです。感染した人はほとんど共和党です。バイデンさんの用心棒たちがやったのではないかと私は思います。本当に危ないです。それでトランプ大統領が危ないかなと思います。

最近、情報がたくさん入りました。本当に心配です。この用心棒の話は、私は初めて聞いてびっくりしました。アメリカ国籍を取得したり、永住している中国人はいっぱいいます。至るところに中国人の共産党スパイがいます。民主党内には親中派の人が多いので、特にトランプ大統領は危ないです。

このことはきのうのリーリーさんの報告やいろんな報道で見聞きしましたが、本当に危ないです。何があるかわからない。トランプ大統領はもっと防衛しないと本当に危ないです。

どんな方法で襲われるか。薬か、生物兵器か。トランプ大統領は、年内にいろいろ行動予定があります。会議をするときか、講演会をするときか、本当にわからないです。中国は2000年以来の人を殺す歴史があるから、何をするか、どこを刺すか。人が多いとき、トランプ大統領が講演会をするときの攻撃が心配です。このことは、きのう、中国人学者がYouTubeで発表しました。

この情報がトランプ大統領の手元に入ったことはよかった。中国共産党内部に、トランプ大統領を好きな人が結構多いです。トランプ大統領を助けてあげたいという人がいて、海外に連絡してあげました。

中国人民解放軍トップ、米国インド太平洋軍司令官との会議をすっぽかす

20日の台湾国防省新聞の報道では、中国人民解放軍の空母「山東」号（中国初の国産空母で、前の「遼寧」号と大体は同じです）の艦隊は、護衛艦4隻と一緒に中国の大連港から出ていって、20日に台湾海峡を経由して、南の方向に行く途中です。今は南シナ海あたりかな。それで台湾の軍艦6隻と戦闘機8機が追尾して、監視していました。中国は何をするかわからないのです。

今の時期に空母が出たのは、ちょっとおかしいですよ。台湾の報道によると、この2〜3日前に、アメリカのインド太平洋軍司令官と中国の人民解放軍のトップと、毎年定例の軍事的な会談があります。15日か16日か忘れましたが、約束した日に、ネット会議のために米国のインド太平洋軍司令官はずっとパソコンの前に座って待っていました。何時間待っても中国の側は誰も出ないです。約

束を破りました。

中国がいつでも約束を守らないことは誰でも知っていますから、アメリカも腹を立てたのですが、どうしようもない。その国はそんなものだと。

それで急に17日から大連港から空母「山東」号が出てきました。それはアメリカを挑発していると思います。アメリカと軍事衝突する危険がますます大きくなります。恐ろしいですね。

このことはアメリカのメディアがたくさん報道しており、路徳社は今まだ報道中です。

「山東」号は南海艦隊に所属の船です。去年、この空母を南海艦隊に渡す完成式がありました。その式には習近平主席が出席しました。実はまだ完成していなかったのですが、内部の軍事専門家の話では、南海艦隊に渡す式を急いで行いました。式が終わったらすぐ大連港の造船会社に戻って、また建造を続けました。習近平は、世界に向かって「私たちの国はこんな強いです。空母が2隻あります」と宣伝するために、急いで式を行いました。実は作戦はまだできていないです。本当は1～2年かかります。

だから、習近平政府は今回、同じ作戦ができないのに、なぜ急いで空母を派遣して南シナ海に向かっていくのか。いろいろな人の話では、まだ水が漏れるところがあります。空母には大体3000人の兵士がいて、空母の中にはたくさんの部屋があります。自分の部屋は何番で、どの辺かを覚える前に、本当に外に出たら危ないですね。なぜ急いで出るのか、本当に不思議です。おかしいですよ。何のためかわからないです。

今現在、アメリカの空母艦隊ルーズベルトは、アメリカ西海岸で出発準備中です。そのことも、きょうの朝、報道されました。恐らく南シナ海に来ると思います。

きのう、アメリカのクリストファー・ミラー国防長官代行から、現在、アメリカ軍は、歴史上で最も複雑な軍事行動を全部完成したという発表がありました。何の軍事行動か。南シナ海、中国の基地に対しての複雑な作戦行動です。やっぱり意味がありますね。

イギリスで、新型コロナウイルスの変異株出現

次に、イギリスのことです。

12月20日、イギリスの衛生部の発表で、イギリスで中国武漢ウイルスが変異して、新型のウイルスを多くの患者さんに発見しました。なかなか抑えられないです。その伝染力はものすごく、武漢肺炎より70％以上も強い伝染力があります。恐ろしいです。

今現在、周りの10カ国、フランスとか、イタリアとか、デンマークとか、ベルギーとか、オランダとか、ドイツなどは、イギリスの飛行機とか船が入ることを禁止しています。ほかのたくさんの国々も禁止しています。イギリス国内の飛行機も同じで、全部禁止です。伝染力がものすごく強いから、今のウイルスは怖いです。皆さん、気をつけてください。

日本はどうなるか。まだイギリスに行くかどうかわからない。早く禁止したほうがいいと思いま

す。

開戦前夜！〝中国がアメリカを侵略した！〟国土安全保障省長官、有事に備え非常食料等の準備を

2020年12月23日

チャド・ウルフ国土安全保障省長官代行の講演

きょうは、アメリカのことと中国のことを皆さんに紹介します。

まず、12月21日に、アメリカの国土安全保障省長官代行、チャド・ウルフが、国土安全保障省が長い間、事実を調査し、まとめた報告書に基づいて行った講演を皆さんに紹介します。

アメリカの全ての国民に、中国共産党のアメリカ侵略の事実を発表しました。その人の講演会のことを、アメリカの路徳社とかたくさんの中国人の学者が、YouTubeとか文書でいろいろ報道しました。

今現在、中国共産党は、アメリカの国土、アメリカ人民全部を侵略しています。現在、アメリカ

にいる中国人移民は、中国共産党の幹部と共産党員がものすごく多いのです。私が言っているのは中国人民でなく、北京の指導者、習近平政府です。中国人民は同じ被害者です。中国は、アメリカ国民の安全に対して非常な脅威です。

今のアメリカ人の政治家は、中国共産党が裏で全部買収しています。

アメリカ経済は、今ガタガタです。たくさんの技術が中国に盗まれました。

文化方面では、孔子学院とかスパイの侵入とか、至るところで中国からの侵略があります。

中国共産党は、アメリカの政治、経済、文化、全面的に侵略しています。今アメリカ人にも中国共産党の本質がはっきりわかりました。

中国は、アメリカの現在の国土をあちこち買いました。特に都市方面で侵略しました。また、アメリカ国内に軍事基地をつくるために、アメリカの牧場とか、山とか、たくさんの不動産を買いました。会社や学校も買いました。あとは、食品をつくる会社を丸ごと買いました。軍需産業も、医療産業も、とにかく至るところを中国共産党が買いました。これが国土侵略ということです。

この人は講演で事実を全部出しました。中国がアメリカを侵略したんだということを、アメリカ国家が認識したという発表です。アメリカ国民は、今やっと中国共産党の恐ろしさがわかりました。本当にアメリカ人が危ないです。

これからアメリカ人は、中国共産党の侵略に反撃します。やり返さないとダメでしょう。本当の戦争と同じです。反撃しないと、アメリカは全部奪われてしまいます。アメリカが奪われたら、次は第三次世界大戦が始まります。

きのう、私はアメリカのたくさんの友人の報告でびっくりしました。国土安全保障省がこのことを発表するのは初めてです。日本語版があるかどうかはわかりませんが、英語がわかる人は見たほうがいいと思います。

リン・ウッド弁護士のツイッター

次に、同じアメリカのことですが、アメリカのリン・ウッド弁護士が、同じ21日の晩にツイッターで一つの報告書を発表しました。報告書のタイトルは、「中国共産党の全世界を支配する計画」。中国はどの国も支配したいですが、世界で一番支配したい国はもちろんアメリカです。特に中国共産党はアメリカを支配するという目標があります。

まずは2005年の江沢民時代、中央軍事委員会副主席遅浩田が行った、中国人民解放軍の内部講演会の報告書も発表しました。目標は、アメリカを支配することと、日本人は地球上で全滅させる。あとは日本の領土を取ることができる。そのような内部の話の報告書の英語版を、そのままリン・ウッドさんがツイッターで発表しました。

その文章は見るだけで本当に恐ろしいです。リン・ウッドさんがいろいろ調査して、2000年以来、現在まで、中国がアメリカを侵略するという計画を詳しく発表しました。最初はアメリカに移民して、スパイを派遣したり、アメリカの資源を買ったり、現在は武漢肺炎の生物兵器をつくってアメリカ人を殺して、最後はアメリカを奪う。

その中には、アメリカの都市を買うとか、不動産を買うとか、山や牧場を買うとか、あとは孔子学院まで、結構詳しい報告があります。

遅浩田が言っているように、アメリカ侵略・支配の計画がほぼ20年前からあったのです。今もアメリカを侵略しています。現在、アメリカ人の武漢肺炎の死者はたくさんいます。2005年から現在まで、中国の侵略のたくさんの証拠を発表しました。だいぶ前から侵略しているのです。その侵略のせいで、アメリカは今現在、経済はダメだし、失業者は十何万人もいます。

中国は、アメリカでたくさんの農地も買いました。例えばハムをつくる会社を丸ごと買いました。そのような侵略の証拠を、リン・ウッドさんは全部出しました。今現在、アメリカにいる共産党員を全部国外に出さないと、これからアメリカは本当に危ないとか、いろいろなことを発表しました。

中国が日本の領土、北海道とか、沖縄とか、大阪とか買うのは、アメリカを買っているのと同じです。日本の資源を買い、日本を侵略して、中国が日本を奪うのが目標です。日本のものを取る、アメリカを取る、一緒です。カナダもそうです。今、オーストラリアの被害はものすごいです。

世界中たくさんの国に中国人が入って、共産党の幹部たちは海外の資源をメチャクチャ取りました。侵略と一緒です。貿易と上手に言っていますが、実はその国の資源を取るつもりです。

遅浩田将軍は、2002年ごろに中国の各部隊の軍人たちを訪問して、「あれ、人民解放軍たちはみんなボトルの水を飲んで、中国の国内の水を飲まない」と気づいた。中国の水は、チベット以外は、各大都会、北京、上海、広州とか、665以上の都市は、地下1000メートルまで全部汚れました。だから、共産党員は全部海外の食べ物、海外の水で生活しています。人民解放軍の2000万以上の軍人たちは、みんな海外の食べ物、海外の水で生活します。

中国は人類が生存する基礎を全部破壊しました。資源がないのです。内モンゴルは昔は大草原でしたが、今は草もありません。中国は600以上の都市の中で、少なくとも半分以上は資源がないのです。だから、遅浩田将軍は、生存するために資源のある国を狙いました。一番はアメリカ、カナダ、オーストラリアのような資源のある国です。

中国は、21世紀は海の資源を奪います。日本は周りが全部海なので、日本も狙われました。あとは、台湾を取るでしょう。周りの海の資源を奪うことが目標です。

中国共産党は、今は日本のお米ですが、あと、いろいろな自然のものを買います。

今、リン・ウッド弁護士の報告書で、アメリカ人は目が覚めました。これから反撃します。

このことは、同じ21日にリン・ウッドさんはツイッターで発表し、国土安全保障省長官代理は講演会で発表しました。

遅浩田将軍の発言は、私は2005年から指摘して、日本人、気をつけてくださいと呼びかけていました。あのとき、日本人は日中友好で共産党にだまされて、どうしようもなかった。今、皆さんはこの文書を見たらびっくりします。詳しい文書の内容は、ニコニコ動画で見てください。本当にアメリカと同じように、日本はとても危ないです。

リン・ウッドさんは、中国共産党のアメリカ侵略ということを、昔からツイッターで発表していました。アメリカの政府内部はみんな知っているけれども、国民はあまり知らないです。日本国民と一緒です。マスコミが事実を報道しないから、みんなだまされています。

大手のマスコミはいつもロシアが悪いと言います。この間、アメリカの核兵器のシステムが攻撃されました。アメリカの大手マスコミは、何も調査しないうちに、すぐ「ロシアですよ」と報道しました。トランプ大統領はツイッターで、「何でもロシアが悪いと言って、なぜ中国を報道しないの。このようなニセモノ報道はやめてください」と発信しました。

今、アメリカの国は本当に危ない。この文書が発表されたから、アメリカの人たちは気がつきました。私もびっくりしました。

この戦争は、中国から発動した戦争です。最初、80年代ごろ、中国はかなりの速さでアメリカに移民しました。90年代ごろは、1年間で何万人もアメリカの中国人がふえました。

90年代にアメリカの友達が私の家に泊まったときに、「鳴霞さん、日本は大丈夫ですか。アメリカは移民が多過ぎて、この州は毎年赤字ですよ。おじいさん、おばあさんが一緒に住んでいるところで、急に救急車でおばあさんを病院に連れていって、言葉は通じないので、病院から通訳を頼む。日本円にすると1時間3万円です。病院も赤字で大変ですよ」と言っていました。

そのとき、日本の中国人は80万人で、まだ少なかった。「これからふえたら日本の医療はパンクですよ。日本の国も大変になりますよ。鳴霞さん、早く呼びかけてください」と友達が教えてくれました。私は「月刊中国」に、「皆さん、気をつけてください。移民がいっぱい入ったら大変ですよ」といっぱい書きました。

今現在、アメリカ国民は数百万人が仕事がありません。経済もガタガタです。薬をつくる、マスクをつくる、いろいろな医薬品をつくる会社は、60％以上中国にあります。特に製薬会社はほとんど中国の国内にあります。アメリカ国内には少ないです。

この間のマスクの問題で、中国政府は、生物兵器をばらまく前に、まず去年の10月ごろから世界各国のきれいなマスクを買い占めました。これも侵略です。自分の国の偉い人、国民を守るために、海外の全ての国のマスクがなくなりました。中国政府が計画してやったことです。

海外からきれいなマスクを買って、中にゴミや虫の死骸が入った中国産の不良品マスクを海外に援助しました。援助といっても、実はおカネを取るんです。多くの国の被害者が出てきました。

アメリカはこれから中国共産党を反撃しないといけないと思います。リン・ウッドさんの話と国土安全保障省長官代行の話で、これからアメリカ国民は本当に気をつけてほしいと思います。

食料と水、緊急物資の備蓄を

食料を備蓄するとか、水を備蓄するという話も1週間前に発表しました。そろそろ戦争が始まります。今、中国は侵略中です。それにアメリカが反撃しないと、中国に取られて、アメリカは本当に終わります。

中国はそれをわかっているから、この間、中国の空母も出てきました。戦闘機も出てきた。アメリカも空母とか空母艦隊がだいぶ前からほかの国に、フランスとかグアムに置いています。ドイツも軍隊を置きます。みんな準備しました。

フィリピンのような小さい国も、アメリカが戦うならばアメリカに応援する。そうしないと、フィリピンのたくさんの小さい島がみんな中国に取られます。フィリピンも危ない。

世界中で共産党が好きな国は北朝鮮だけです。

日本の人も、食料とか水、非常用の緊急物資は備蓄しておいたほうがいいです。今まで日本政府、日本の政治家は、誰もそんなことを言ったことがないですが、私は何回も言っています。

まず食料と水。特に小さい子がいる家庭は、赤ちゃんのミルクをつくるときに水が要ります。小さい子のお菓子とか食べ物とか、これから準備してください。例えば1~2年もつ缶詰とか、インスタントラーメンとか、赤ちゃんの粉ミルクとか、薬とか、特に熱が出たり、喉が痛いとか、おなかが痛いとか、そのような日常使う薬を準備したほうがいいと思います。

老人の場合は、老人用のおむつとか、ティッシュとか、トイレットペーパーとか。今、アメリカのたくさんの店やスーパーにはティッシュペーパーがありません。みんな準備中です。日本人も準備したほうがいいと思います。

マスクなどは、少なくとも3カ月分以上は用意したほうがいい。私は半年分用意しました。政府に迷惑をかけないように準備したほうがいいと思います。

今の世界は本当に予想できない。いつアメリカが反撃するか。来年1月か2月か、私たちにはわからないです。今の戦争は昔と違ってミサイルだから、速いです。だから、皆さん、準備してください。

一瞬でインターネットが遮断されたり、停電になることがあり得ます。都会の生活はみんな電気でしょう。中国は半分ぐらいの都市で停電しました。電気がなかったら、本当に何もできないです。懐中電灯や小さいガスのカセットボンベを用意してください。

そのとき自衛隊は最前線に行っているから、国民を助ける暇がありません。自分で用意したほうがいいです。皆さん、いろいろ準備してください。

ドミニオン投票機が"Made in China"の動かぬ証拠を発見
武漢肺炎はP4実験室で製造　大統領補佐官が発表
気をつけてください　中国製ワクチンは危険です

2021年1月6日

ドミニオン投票機が中国製の動かぬ証拠を発見

カリフォルニア州の州都のサクラメントに住んでいるパトリック・ボーンさんという大金持ちの方が、きのう、ツイッターで1枚の証拠写真を発表しました。その写真を見ると、カリフォルニア州にある倉庫にたくさんの段ボール箱が積まれていて、その箱には「ドミニオン投票機・Made in China」と、英語ではっきり書いてあります。多分、船で運ばれたのだと思います。けさ、これを見て、私は本当にびっくりしました

今晩のニコニコ動画で、この写真を皆さんに紹介します。

これは事実です。このようなたくさんの新事実を、多分トランプ大統領は1月6日に皆さんに発表すると思います。

多分キューバでも同じ機械を使っていると思います。今度のアメリカ大統領選は、中国共産党の

スパイが裏で支配したと思います。投票機だけじゃなしに、投票用紙もほとんど中国製です。こういう事実を、これから次から次に出すと思います。

武漢肺炎ウイルスは、武漢市のＰ４実験室でつくられた生物兵器

これは1月3日のイギリスのデイリー・ポストに載ったニュースです。

トランプ大統領の国家安全保障担当副補佐官のマシュー・ポッティンガーさんは、この間、イギリスの国際会議に出席したときに、武漢肺炎ウイルスがどこでつくられたのか詳しく紹介しました。武漢肺炎ウイルスは、武漢市のＰ４実験室でつくられました。それが不注意で外に出たのか、わざわざ出したのか、いろいろ詳しいことを、その会議場で発表しました。

その会議に出席したたくさんの人やイギリス政府は、これから我々イギリスも中国に対する賠償請求を考えますと発表しました。マシュー氏がたくさんの証拠を発表したからです。

マシュー氏は、中国のことにも共産党内部のことにもものすごく詳しいし、中国人より中国語が上手です。マシュー氏は、１９９８年から２００５年まで、ロイター通信とかウォール・ストリート・ジャーナルの北京特派員として駐在していて、２０１７年にトランプ大統領の国家安全保障会議（ＮＳＣ）に入りました。現在はアジア担当主任です。就任前には、中国共産党の事実を報道した後で逮捕されて警察で殴られたこともあります。

彼は何回もYouTubeでいろいろなことを発表していますが、彼の話は間違いないです。武漢にあるP4実験室でつくられた生物兵器が、今の武漢肺炎です。トランプ大統領は、その事実を皆さんに発表して、これから中国に賠償を求めるでしょう。真実がこれから明らかになると思います。

中国製ワクチンは危険、共産党幹部たちはアメリカ製ワクチンを接種

現在、中国は武漢肺炎で大変です。きのうとおとといの発表では、現在、遼寧省の瀋陽、大連はものすごく危険なので封鎖されました。

中国は旧暦なので2月がお正月ですが、2月から、少なくとも5000万人に中国製のワクチンを接種する計画です。でも、中国人は、共産党がつくったワクチンは信用しないです。上海復旦大学付属華山医院の感染科の張文宏教授が、中国人はどれぐらいワクチンを接種するか、裏で調査したら、特に上海の住民は教育レベルが結構高いので、たくさんの人たちが「私たちは国際的に認められていない中国産ワクチンは心配だから接種しない」と答えました。

特に武漢肺炎は中国共産党がつくったものだから、同じ中国共産党がワクチンをつくるのはおかしいですよ。それで張教授は去年の12月22日の会議のときに、「まず習近平ら共産党幹部たちがワクチンを接種してください。その後から国民が接種します」と言いました。国際的に認められていないワクチンを接種することは怖いからです。

「大紀元時報」は、２０１０年3月17日、山西省で子どもにワクチンを接種した後で、死んだり障害者になった子どもが１００人以上出たと報道しました。「山西省ワクチン事件」とネットで検索したら出てきます。その事件があったので、14億人の中国人は共産党がつくったワクチンは一切信用しないです。

習近平政府は国産ワクチンを国民に接種すると言っていますが、お偉いさんたちは国産ワクチンを信用してないから、１億ドル出して共産党幹部５０００万人分のアメリカ製のワクチンを注文していて、自分たちはそれを接種します。おかしいでしょう。アメリカ製のワクチンの有効率は94％以上です。中国製は70％しかないから危ないです。

台湾の東森新聞の YouTube 報道では、イスラエルで１００万人ぐらいの人が中国産のワクチンを接種したら、その場で４人が死んで、２４０人に後遺症が出ました。このような例はいっぱいあります。

また、人民解放軍の偉いさんでコロナ専門家のチン・イーさんの話では、去年の2月26日に中国は第1番目のワクチンを生産しました。武漢肺炎が爆発的に流行した去年の1月23日に、武漢の三十数万人の人が世界中に逃げました。その約1カ月後以内にワクチンができ上がりました。おかしいでしょう。速過ぎます。そんなワクチンを誰が信用しますか。その後、中国政府がカネを出して、アメリカやイギリスとワクチンを共同開発しました。ただのカネ儲けです。

多分中国政府は、武漢肺炎ウイルスをつくったのと同じ時期にワクチンを開発したと思います。

毒をつくるときは、それを解決する薬もつくるはずです。また、去年の10月ごろから、世界中のマスクを買い集めていました。日本でもマスクや消毒薬がなくなったでしょう。武漢肺炎ウイルスをつくる計画は、恐らく大分前からあったと思います。

アメリカは、これらの証拠を全部持っています。今、トランプ大統領は忙しいから、20日の大統領就任式以降に、中国共産党政府の武漢肺炎などの生物兵器のことを必ず精査します。

中国共産党政府は国民に接種しろと言っていますが、国からはおカネを出さないで国民が自分で払います。1回200元～500元、貧乏な人は100元、上海や北京などの都会の人からは少なくとも800～1000元取ります。国民は指導者たちが先に接種しなさいと言っているので、中国共産党政府は急いで海外製のワクチンを買って、それを接種する確率が高いです。国民はしょうがないので中国製ワクチンを接種します。この国は本当に恐ろしいです。

きのう、バノンさん主催の番組で閻麗夢は、中国共産党を絶滅しないと、次の生物兵器を出す確率が高いと発表しました。まず中国共産党を潰さないと、次から次に武漢肺炎みたいなウイルスを出します。閻麗夢さんは、よく発表しましたよ。

武漢肺炎が広がれば、中国共産党はワクチンでおカネ儲けができるわけです。だから、中国は世界で最初のワクチンを去年の2月に出しました。おカネだけですよ。中国製のワクチンを使ったら、本当に危ないです。

アメリカやイギリス、その他の国の製薬会社のワクチンでも、中国との合弁会社がつくったワクチンは同じように危ないです。中国が全部おカネを出してつくった合弁会社は、中国共産党の言うことを聞かないとダメなので、ワクチンにどのようなものを入れるかわからないです。だから怖いです。

日本は、中国と合弁会社をつくっているイギリスのアストラゼネカのワクチンを6000万人分契約しています。

毎日新聞が1月1日に、中国製のワクチンが日本に密輸されて広まっていると報道しました。日本人の社長夫妻が品川区のクリニックに中国製のワクチン接種のために訪れて、奥さんが「大丈夫ですか」と聞くと、中国人の通訳が笑いながら「大丈夫、大丈夫」と言ったそうです。でも、日本のたくさんのお金持ちの家族とか会社の社長や幹部の人たちはだまされたと思いますよ。あとは後遺症がいつ出るかという問題です。

アメリカに住んでいる中国民主活動家の陳破空さんの、きのうのYouTubeの報道です。ワクチンが欲しいと思っても普通の国民は手に入りませんが、日本政府の偉いさんがオーケーすれば密輸で手に入る確率が高いです。これは共産党の偉いさんの商売です。なぜ日本を狙ったのかというと、1本1万円で売れるからです。1万円は、中国の貧乏人の1カ月の生活費です。

中国の地方政府は十数年前からずっと赤字で、毎月北京政府からおカネをもらって幹部や議員さんたちに月給を払っていましたが、今は31省のうち27省はものすごく赤字で月給を払えないか、半分になっています。特に最近は武漢肺炎でたくさんの外国企業が中止したせいで、少なくとも4億人失業しました。それで共産党政府は、こんなしょうもない期限切れぎりぎりのワクチンを海外に密輸出して外貨を稼いでいるんです。

特に普通の日本人は中国の情報があまりわからないので、上手にだまして売ります。本当に気をつけないと危ないです。武漢肺炎後1カ月でワクチンができるなんて、考えられないでしょう。みんなおカネ儲けのためです。中国共産党は本当に恐ろしいです。

きのう、アメリカにいるたくさんの中国人専門家や学者が、ワクチン接種後の後遺症とか調べて、いっぱい報道しました。見るだけで怖いですよ。

ワクチンを接種したい人は、しっかり調べてから打ってください。簡単に打ったらダメです。とても危険です。

中国には5000年の歴史がありますが、今までワクチンをつくったことはないです。武漢肺炎発生の後、1カ月でワクチンをつくりました。おかしいでしょう。誰も信用しません。普通の中国国民は、共産党がつくったものは信用しないです。日本人は気をつけてください。世界のどの国でも認めてない中国製ワクチンを打ったら絶対ダメです。

今、ブラジルとかいろいろな国で、中国製ワクチン接種後に副作用がいっぱい出ています。闇麗夢さんは、あのワクチンは武漢肺炎の毒と同じだと言っています。ものすごく危険です。だから、注射したら絶対ダメです。

闇麗夢さんは4日にバノンさんの番組で、「皆さん、気をつけてください。中国製ワクチンは絶対ダメです。ものすごく毒です。怖いです。注射しないでください」と呼びかけました。

ペンス裏切り　背後に中共の影
議事堂乱入者の中に中国人！

2021年1月7日

ペンス裏切り　背後に中共の影

まず、アメリカのことです。

きのうから、トランプ大統領支持者がワシントンにいっぱい入りました。きょうになったら、何万人もの人がホワイトハウスの周りに集まりました。

今までペンス副大統領は、トランプ大統領を支持するか、それともバイデンさんを支持するか、ほとんど発言していませんでした。

きのうの3時ごろに、たくさんのトランプ大統領支持者たちが議事堂に乱入しました。その中には中国人もたくさんいました。誰が発砲したかはわからないけれども、1人の女性が倒れて、その場で死亡しました。爆発音もあって、大混乱になりました。

現在、ワシントンは厳戒態勢が敷かれています。トランプ大統領は「皆さん、静かに帰ってください。暴力は一切要らないです。アメリカは民主国家です」と呼びかけました。

でも、ホワイトハウスで会議をする2〜3分前に、ペンス副大統領は、次にホワイトハウスに入るのはバイデンさんとハリスさんだと発表しました。これは本当に勝手な発言で、トランプ大統領を裏切りました。

アメリカにいる中国人学者とか、路徳社とか、郭文貴さんは、ペンス副大統領は、クリントンの時代からオバマ時代まで、裏で中国共産党のスパイに工作されていたのがわかっています。だから、ペンス副大統領は、トランプ大統領を支持するか、今まではっきり言いませんでした。自分の意見を発表したことは全然ないです。

その彼が急に、ホワイトハウスで会議をする2〜3分前に自分の声明を発表しました。でも、トランプ大統領はびっくりしませんでした。昔からわかっていたからです。みんながわかっています。

その発表後、トランプ大統領を支持するたくさんのアメリカ国民は怒って議事堂内に乱入しました。

トランプ大統領は支持者たちに対して、「皆さん静かに」とか、「暴力をしないでアメリカ憲法を守ってください」とか、いろいろ発表しました。

ワシントンは厳戒態勢なので、警察官がいっぱい入りました。暴力を振るったり物を破壊した人を、これから逮捕します。

ペンス副大統領は、習近平政府に弱みを握られていました。ペンス副大統領が同性愛者なのは誰でも知っています。このことは路徳社も前から報道していました。路徳社の手元にはペンス副大統領と中国に関するたくさんの証拠がありますが、発表できないです。

これからもトランプさんはアメリカの大統領です。間違いないです。アメリカのたくさんの中国人学者の分析では、ペンスさんは多分辞職すると思います。ホワイトハウスの中でトランプ大統領と一緒に仕事はできないです。今までペンス副大統領から、トランプ大統領を支援した言葉は１回もないです。

きのう、アメリカの民兵組織が「バイデンさんが絶対にアメリカ大統領にならないように我々は頑張ります。そのためにはいかなる対価を払うこともいといません。我々はトランプ大統領を応援します。ペンス副大統領は、バイデンさんを応援するでしょう。もし1月16日までにバイデンさんが政権を取ることをとめなかったら、我々は絶対許しません。計画どおり行動します」と、声明を発表しました。民兵組織は、中国に裏で支配されていて腐敗した民主党のバイデンさんの政府を絶対許しません。

選挙のことでは、トランプ大統領はこれからまた結構激しいことになると思います。反発する組織は絶対許しません。議事堂に乱入して、物を壊したり、人を負傷させた人は許しません。

きょうの阿波羅ネットで、このことを報道しました。

議事堂乱入暴徒は中国支援のアンティファ
警察官が内部に誘導！

2021年1月8日

議事堂乱入暴徒は中国支援のアンティファ

きょうは、きのう議事堂であったいろいろなことについて皆さんに紹介します。

けさのアメリカのメディアと、アメリカにある中国人のたくさんのマスコミの報道です。

1月6日の午後に議事堂にたくさんの暴徒が乱入しましたが、そのときに1名のＦＢＩの捜査官も中に入って、彼が見たことを、きのうの晩に全米にツイッターで発表しました。

トランプ大統領の支持者たちが大型バスでたくさんやってきましたが、それに紛れ込んでアンティファの暴徒たちがいっぱい潜入していたのです。そしてガラスを割って議事堂の中に侵入して、中で暴力を振るいました。ＦＢＩの捜査官はそのような場面を見たし、証拠も手元にあります。

ペンス副大統領が「私たちはバイデンさんを応援する人たちが入っても、その人たちを止めないです」と言ったので、次から次にいっぱい入りました。大混乱の責任は、ペンスさんにもあります。

この暴動で52人が逮捕されて、4人が死亡しましたが、女性1人は銃弾を受けて、その場で亡くなりました。発砲したのは警察官です。この女性は、ものすごく偉い人です。トランプ支持者で、昔、14年間、米空軍の軍人だったと、彼女のご主人が言っていました。旦那さんはかわいそうですね。

暴力を振るったのはアンティファの暴徒です。このアンティファは、裏で中国共産党からお金をもらっています。中国人も議事堂の中に入っていましたが、彼らがトランプ支持者か、中国から来たのか、アメリカに住んでいる中国人なのか、今ははっきりわからないです。左翼の過激派のアンティファが中国から資金をもらって、民主党と一緒に今回の暴動を計画的に起こしたわけですね。暴徒たちはトランプ支持者ではなくて、アンティファの裏には中国政府の影があります。スパイが支配して計画的に起こした超限戦が、今度の暴徒の議事堂乱入です。

アメリカの大手マスコミは、トランプ大統領を支援する暴徒が大混乱を起こしたのだから、トランプさんが責任をとらないとダメだと言っていますが、実はアンティファがやったのです。

けさの人民日報、環球時報、新華社通信など中国共産党の大手マスコミ全てが、トランプ大統領支持者が議事堂に乱入して暴力を振るったと報道して、その場面を中国中央テレビとか新華社通信のニュースで発表しました。全部、トランプ大統領が悪いという報道ばかりです。バイデンさんがアメリカ大統領に確定して、暴徒はみんなトランプ大統領支持者たちだと、事実と逆のことを、中国政府の新聞、雑誌、テレビは一生懸命報道しました。

アメリカの自由アジア放送は、このチャンスをつかんでデモチームの中に中国共産党のスパイがたくさん入ったと報道しました。今、在米中国人は1000万人ぐらいいるので、入れるはずです。今まではトランプ大統領支持者のデモは結構平和でしたが、暴力を振るったのは今回だけです。

もしこのようなデモがあったら、習近平政府の場合は、すぐ機関銃で殺す確率が高いです。中国人には集会やデモの権利がありません。アメリカは自由社会なので、平和にデモをすることができます。暴徒はアンティファたちで、トランプ大統領の支持者たちではありません。でも、このような事実は中国政府のマスコミは一切報道しないです。

江沢民時代から現在の習近平まで、中国の戦略はアメリカをメチャクチャにすることです。この大混乱をチャンスとして、中国共産党は日本の領土である尖閣諸島を取るとか、台湾を全滅させるために攻撃します。この戦略は昔からです。だから、本当に気をつけないといけない。トランプ大統領は、これからこのような事実を全世界に公表します。アメリカは本当に危ないです。

トランプ大統領は「私はこの状況に絶対負けません。今回の選挙では7000万人以上の国民が私を支持しました。中国が裏で支配した不正選挙の真相を必ず究明します。バイデンさんが勝ったとマスコミは報道したけれども、1月20日まで、まだ時間があります。私は不正選挙の真相を皆さんに発表します。たくさんのアメリカ人がだまされました。例えば、中国製のドミニオン投票機とか、中国で印刷した投票用紙とか、これらの事実を全部、これから皆さんに発表します。私は大統領になれないけれども、中国共産党の真実を皆さんに発表します。私は、もう一回、偉大なアメリ力を必ずつくります。私は続きます。頑張ります」と発表しました。

トランプ大統領・現在はテキサス州の国家軍事センター
内乱罪、国家反逆罪で犯罪者一掃へ！
習近平・経済制裁解除でハリスの招聘準備

2021年1月9日

トランプ大統領、内乱罪と国家反逆罪で犯罪者一掃へ

きょうは皆さんに、アメリカのことを続けて紹介します。

6日の午後に議事堂内で暴動が起きた後で、トランプ大統領は専用機でテキサス州の国家軍事指揮センターに行って、たくさんの専門家に次の戦略を相談しました。

前に黒人差別反対の大暴動があったときにトランプ大統領は、暴徒たちは国家に対する裏切り者として全部逮捕すると言いました。今回議事堂に乱入していろんなものを壊したり殺人まで行った暴徒たちと、彼らを裏で指導した者たちを絶対許さないと言って、82人を逮捕しました。

これからトランプ大統領は、中国と長い間つき合っていたオバマとか、自分を裏切ったペンス副

大統領ら全部逮捕します。それがトランプ大統領のこれからの戦略です。トランプ大統領は、これらの犯罪者を絶対許さない、国家内乱罪と国家反逆罪で逮捕して、偉大な、すばらしいアメリカをこれからつくると言っています。このことを海外のたくさんの中国人学者のネットワークで発表しました。

中国が裏で支援して、アメリカの民主運動はメチャメチャにされました。これは絶対許しません。このことも発表しました。

次に、けさの「希望之聲」と「中国観察」のYouTubeの報道です。

1月20日にバイデン氏の大統領就任式がありますが、トランプ大統領は出席しないと言っています。

7000万人以上のトランプ大統領支持者たちから、「私たちは結構失望したけれども、どうなろうと、私たちは変わらずトランプ大統領をずっと支援します。これからトランプ大統領はどうなるのか。なぜ出席しないのか」、このような質問がいっぱいあります。

それに答えてトランプ大統領は、ツイッターが停止される前に、「私を応援してくれる皆さんは、すばらしい、立派な人たちです。私はあなたたちを失望させません。私たちは、想像できない不思議な旅にこれから行きます」と発表しました。そのメッセージを聞いて、トランプ大統領の支持者たちは安心しました。現在はトランプ大統領のツイッターは停止されて、何も発表できないです。

習近平、ハリス副大統領招聘を準備中の同時期に米国連大使が台湾訪問

習近平政府は、バイデン大統領当選とカマラ・ハリスさんが副大統領に決まったことを、6日の国内ニュースでいっぱい報道しました。

習近平政府は、1月末にカマラ・ハリスさんを中国に呼ぶ準備をしています。なぜそんなに急いで中国に呼ぶのか、専門家たちの分析です。

現在、トランプ大統領は1000社以上の中国の軍需会社に制裁を科しました。そのため中国の経済は崩壊寸前です。今、中国では半分以上の地域で電気がないし、水もありません。北京市は、外は零下30度、家の中でも零下10度です、たくさんの人は生きられない状態です。それで経済制裁を解除してもらうために、習近平政府は急いでハリス副大統領を呼ぼうとしているのです。日にちは、今のところはっきりわかりません。

このことを、きのう、郭文貴さんのYouTubeで報道しました。

アメリカにある中国人のネットのおとといの報道ですが、きのう、ポンペオ国務長官は、アメリカの国連大使のケリー・クラフトさんが台湾を訪問すると発表しました。日にちは、まだ発表していません。もし習近平政府がハリスさんを呼んだら、恐らく同じ時期にクラフトさんが台湾に行く確率が高いです。

もしバイデンさんが当選したら、習近平政府は、すぐ台湾をミサイルで攻撃するだろうという予想を、前に郭文貴さんが報道しました。今、台湾はものすごく危ないです。このような時期に台湾を攻撃しても、バイデンさんとハリスさんは絶対に習近平を怒らないです。現在の戦争は早いです。中国がミサイルで攻撃したら、3時間以内に台湾は終わります。

だから、もし習近平政府がカマラ・ハリスさんを呼ぶならば、対抗手段としてケリー・クラフト米国連大使も台湾を訪問します。

ナンシー・ペロシ民主党下院議長のパソコンを〝米軍が押収〟の情報 北京に上海から江沢民派の解放軍が潜入

2021年1月10日

ペロシ下院議長のパソコンを特殊部隊が押収

きょうはトランプ大統領のことと、習近平のことを皆さんに紹介します。

1月6日に、アメリカの議事堂の中にたくさんのアンティファの暴徒が入りました。その後すぐにアメリカの特殊部隊が入って、次から次に暴徒を逮捕しました。そのときに、特殊部隊は民主党の下院議長のナンシー・ペロシさんのパソコンを押収しました。そうしないと、暴徒たちが持ち帰る確率が高いからです。そのパソコンを見たら、反国家罪の証拠がいっぱい入っていました。

そのことを「中国観察」のYouTubeのニュースで、きょうの朝、6時ごろに報道しました。現在も報道中なので、中国語がわかる人は見てください。

江沢民派が秘密裏に北京に潜入　習近平は行方不明

次は習近平のことです。

習近平は、脳動脈瘤の手術後、9日まで、ほとんど顔を出していません。毎年1月の初めごろに中国の政治と法律を考える大きな会議が開かれますが、9日の会議にも習近平は出てきませんでした。習近平はどこにいるのか、みんな心配しています。手術が失敗したのか、それとも術後回復のためにどこかで静養しているのか、中央のマスコミはほとんど報道しません。

路徳社とか、オーストラリアのリーリーさんのホームページとか、数カ所のYouTubeの報道によると、上海閥と呼ばれる江沢民派の軍隊が習近平と戦うと報道しました。

習近平政府に反発している江沢民派の軍人が、軍服ではなくて普通の服を着て、軍車ではなくて普通の乗用車とかバスで北京に入りました。これは路徳社も報道しましたが、北京に入った後は何にも情報が入ってきません。

路徳社の中国専門家5~6人は、今度の会議に習近平が顔を出さなかった理由は、どこかに避難したのではないかと分析しています。現在、北京市の隣の河北省は武漢肺炎が再拡大していて緊急事態だということで封鎖されていて、北京市に入る飛行機も車も全部禁止されました。

そのときには習近平は、北京は危ないということで北京にいなかったのです。では、どこにいたのか。山西省の山の中に中国の偉いさんの別荘が何万軒もありますが、そこにいたんじゃないかという分析もあります。その別荘地には、スマホとかパソコンといった通信設備は何もありません。それらのものがあれば、習近平がそこにいることが、すぐわかってしまうからです。

だから、習近平は行方不明のままです。手術後の回復中だと思うけれども、今どこにいるか、皆さん心配しています。中国ではとても大事なお正月の会議に、習近平はなぜ顔を出さなかったのか。

以上が路徳社のきのうからの報道です。

鳴霞　めいか
1957年中国遼寧省瀋陽市（旧奉天市）生まれ、元共産党のエリート。
中学校で中国の青年団のリーダー。高校卒業後、東北の農村に下放され、1979年に瀋陽市科技日本語学院に入学。
1981年中国航天部瀋陽市軍工企業の戦闘機・ミサイル製造現場（旧満州航空機株式会社）の情報課日本語担当勤務。
1982年来日、京都日本語学校を卒業し、兵庫・大阪の中国語学校で講師を務める。

2002年から月刊中国主幹。

著書に『日本掠奪―知ったら怖くなる中国政府と人民解放軍の実態』『あなたのすぐ隣にいる中国のスパイ』『中国人民解放軍の正体―平和ボケ日本人への警告!!』『中国 驚愕の性奴隷』『中国人民解放軍知られたくない真実―変貌する「共産党の軍隊」の実像』等がある。

2020年１月から「鳴霞の『月刊中国』YouTube」、同３月から「ニコニコチャンネル」で動画配信を開始。
中国国内はもとより、アメリカ、台湾、オーストラリア、ニュージーランド等、幅広いネットワークを通じて得られる、中国情報の確かさと迅速性には定評がある。

本書は、YouTubeチャンネル〈鳴霞の「月刊中国」YouTube〉を文字に起こし、まとめたものです。

トランプ大統領vs中国共産党　米国乗っ取り大攻防戦

鳴霞の中国共産党動向分析①

第一刷　2021年4月30日

著者　鳴霞

発行人　石井健資

発行所　株式会社ヒカルランド
〒162-0821　東京都新宿区津久戸町3-11　TH1ビル6F
電話　03-6265-0852　ファックス　03-6265-0853
http://www.hikaruland.co.jp　info@hikaruland.co.jp

振替　00180-8-496587

本文・カバー・製本　中央精版印刷株式会社

DTP　株式会社キャップス

編集担当　TakeCO

ISBN978-4-86471-992-6

ヒカルランド　好評既刊！

地上の星☆ヒカルランド　銀河より届く愛と叡智の宅配便

マルクスと共産主義の本質はサタニズム（悪魔崇拝）だった
著者：在田 実
四六ソフト　本体 2,000円+税

ヒカルランド　好評既刊！

地上の星☆ヒカルランド　銀河より届く愛と叡智の宅配便

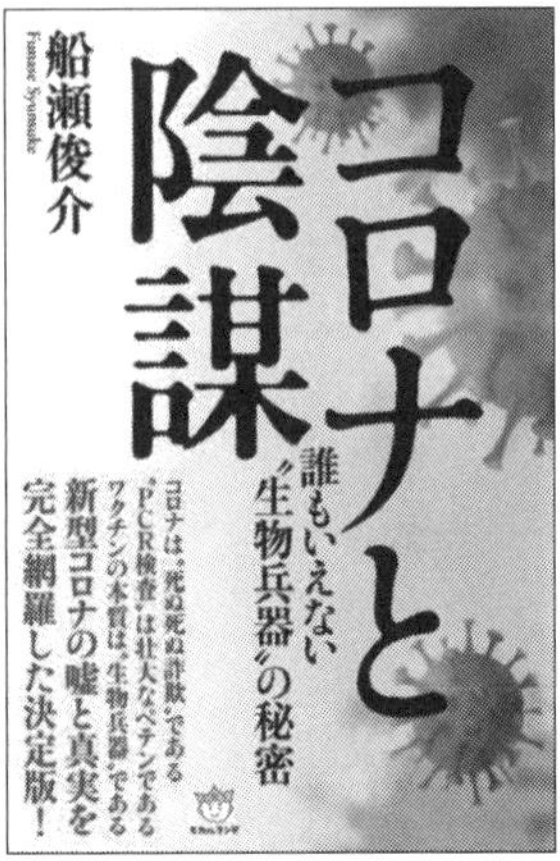

コロナと陰謀
誰もいえない“生物兵器”の秘密
著者：船瀬俊介
四六ソフト　本体 2,500円+税

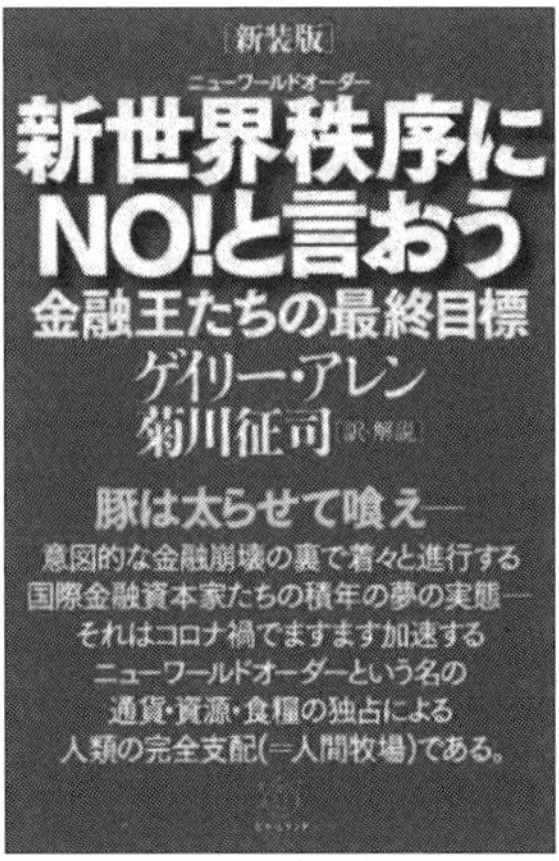

［新装版］新世界秩序（ニューワールドオーダー）にNO！と言おう
著者：ゲイリー・アレン
訳者・解説：菊川征司
四六ソフト　本体 3,000円+税

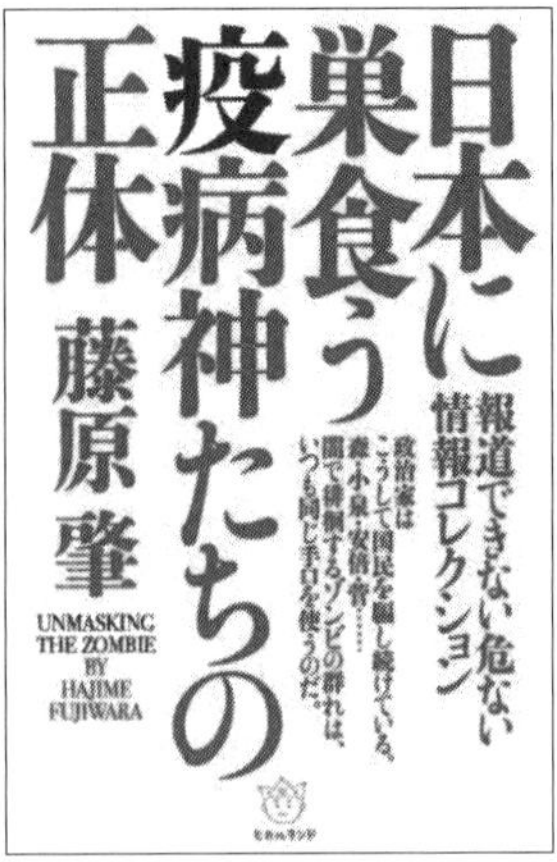

日本に巣食う疫病神たちの正体
報道できない危ない情報コレクション
著者：藤原 肇
四六ソフト　本体 2,000円+税

皇室の秘密を食い荒らしたゾンビ政体
Yanagimushi Conspiracy
著者：藤原 肇
四六ソフト　本体 2,600円+税